打造高效销售团队，全方位指导团队建设
人力资源专家破解销售团队管理密码

要做好销售，先带好团队

戴佳晋 屈建华 / 著

广东旅游出版社
GUANGDONG TRAVEL & TOURISM PRESS
悦读书·悦旅行·悦享人生
中国·广州

图书在版编目（CIP）数据

要做好销售，先带好团队 / 戴佳晋，屈建华著. —广州：广东旅游出版社，2019.3
ISBN 978-7-5570-1610-4

Ⅰ. ①要… Ⅱ. ①戴… ②屈… Ⅲ. ①企业管理—销售管理 Ⅳ. ①F274

中国版本图书馆CIP数据核字（2019）第011777号

出 版 人：刘志松
责任编辑：于子涵

要做好销售，先带好团队
YAO ZUO HAO XIAOSHOU, XIAN DAI HAO TUANDUI

广东旅游出版社出版发行
地址：广州市越秀区环市东路338号银政大厦西楼12层
邮编：510060
电话：020-87348243
广东旅游出版社图书网
（网址：www.tourpress.cn）
印刷：天津文林印务有限公司
（地址：天津市宝坻区新开口镇产业功能区天通路南侧21号）
开本：787毫米×1092毫米 1/16
字数：187千字
印张：15
版次：2019年3月第1版
印次：2019年3月第1次印刷
定价：45.00元

目录

07 硬性考核，让成员拿业绩说话

08 处理矛盾与冲突，团队协作创造奇迹

09 压力管理，让成员在屡战屡败中迅速成长

前言

任何公司的成功，都离不开团队协作，并且他们都拥有成功的销售团队。想要取得良好的销售业绩，就要先建设好团队。“众人拾柴火焰高”，再优秀的销售主管，失去团队成员的支持，就成了“光杆司令”。

销售主管不懂得怎样带团队，团队成员就形不成向心力，不知道应该朝着怎样的方向走，更不知道应该怎样去做，那样的团队就成了一盘散沙。更有甚者，销售主管盲目指挥，明明团队成员做得没问题，销售主管却非要让团队按照他的意志去做，结果导致团队失去活力及创造力。不要觉得不可思议，这种情况很常见，更应该引起销售主管的重视。

销售主管带好团队，首要的就是赢得团队成员的尊重。这样，销售主管下达命令后，团队成员才会认真执行，工作效率才会提高。在销售主管的带领之下，团队成员结成一条心，向着同一个目标奋斗，充分发挥个人能力，共同争取更辉煌的业绩。

那么销售主管应该怎样带好团队呢？虽不容易，但有方法。

第一，要招到真正适合做销售的人。

“巧妇难为无米之炊”，没有团队成员，谈什么团队管理呢？组建团队要尽可能地招到适合做销售的员工，这样就不会给以后的工作造成麻烦。如果招到不适合做销售的人，不但浪费了公司大量培训费用，还浪费了自己宝贵时间。

第二，要对团队成员进行有重点、有针对性的培训。

没有天生的销售英才，优秀的销售人才都是后天培训出来的。因此，培训对于提升销售人员的专业素养非常重要。在培训的过程中，要时刻注意根据团队成员的特点，有重点且有针对性地进行培训，不要盲目对团队成员进行统一、程序化的培训。那样的培训形式所起的作用很有限，不能发挥出培训的最大效能。

第三，要给团队制定明确、可量化的目标。

没有目标的团队是没有前进的动力的。给团队成员设置目标，而且要是明确、可量化的销售目标，这样就能给予成员适当的压力，激活团队的爆发力和潜能，不断实现自我超越。在团队努力奋斗，实现销售目标的过程之中，主管要充分发挥“鼓风机”的作用，给团队成员使劲“吹风”，让他们拼搏的“火力”越来越旺。这需要主管多激励团队成员，多说一些鼓励、肯定的话，让团队成员感觉充满力量和信心。

当团队在主管的带领下持续取得不错的销售业绩后，团队成员往往会自豪，甚至是自满，导致团队长期处在安逸的环境。在这种环境中，团队的拼搏精神会慢慢消失。应对这一困境的方法是帮助团队树立危机意识，让他们意识到自己的团队跟优秀的团队之间还存在较大差距，意识到前面的路还很远，需要继续努力走下去。

成员为团队做出巨大的业绩贡献，团队应该给予成员回报，这就需要主管制定合理而又有激励性的薪酬制度，给予团队成员不断地激励，让他们不满足于现状，继续努力，做得更好。当然，团队建设不能只追求销售业绩，还要谋求团队成员的全面发展，建立合理有效的绩效考核制度，让团队成员在各个方面都有所提高。

只要是有合作的地方，就会有冲突和矛盾，这是避免不了的。再加上销售成员的压力非常大，在这两种情况的影响之下，一旦团队成员之间发生矛盾，如不能及时解决，就会出现非常严重的后果。因此，团队主管要重视进行合理的压力管理，及时处理矛盾，把冲突遏制在萌芽阶段，让团队健康发展。

第四，销售主管要尽量避免团队人才的流失。

培养优秀的销售人才非常不容易，人才流失是整个团队的损失，团队销售业绩会下降，这个问题在短期之内很难得到解决。所以，主管应该适时采取措施，保证团队成员的稳定性。

本书即是从招聘、培训、目标管理、激励机制、培养团队危机感、薪酬体系、考核标准制定、矛盾处理、压力管理、降低人才流失率这几个方面进行深入探究，有针对性地解决带领销售团队所遇到的各种实际问题，希望能对大家有所帮助。

01

招聘，找到那个适合做销售的人

“工欲善其事，必先利其器。”做任何事之前，都要把准备工作做好，只有准备充分，开一个好头，接下来的事情才能一帆风顺。想要组建一个优秀的销售团队，就要招到一批优秀的销售人员。

为什么招聘销售人员很难

作为一个公司的销售主管，最头疼的事情莫过于自己的销售团队离职率居高不下，而招聘的新人无论是数量还是质量都达不到要求。所谓“巧妇难为无米之炊”，面对这种情况，销售主管肯定会感叹：现在招聘一个销售员怎么就这么难呢？

那么问题来了，到底该怎样做才能招到一个优秀的销售人员呢？我们先来看案例。

王佳是一家宠物饲料厂的销售主管。最近，自己领导的团队有一部分人因为个人原因选择了离职。因此，王佳准备招收一批新销售员。于是他对人事部提了几点招聘要求：第一，实习期两个月，实习期过后，不再有基本工资，工资由提成决定；第二，应聘者需要有两年以上的工作经验；第三，公司上班时间不固定；第四，实习期过后，不能达到标准者要承担公司的培训费用。

根据这些要求，人事部发布了招聘信息，可很长时间过去了，应聘者寥寥无几，而通知面试的人基本也没有来。王佳不禁感慨：招一个销售员这么难吗？

作为公司的销售主管，面对一线销售员工的大量流失，致使销售业绩下滑，而管理者的压力也会增加。此时一味感叹招聘难，是没有任何意义的。不在自己身上找原因，只看到了别人的缺点，是找不到解决问题的真正原因的。

从案例分析，导致销售人才招聘难的原因，主要有以下几点。

第一，薪资待遇没有吸引力。

对每一位求职者来说，工作的基本前提是谋生，能养活自己。对小城市来说，生存压力还不是很大，但对一线城市来讲，生活成本还是很高的。基本工资太低的话，对于新入职的人来说，一般都是不会接受的。像案例中提到的，过了实习期连基本工资都没有，收入多少全靠提成，这样工资是非常不稳定的。公司管理者的出发点是想依靠这样的薪资政策来激励员工提高业绩，多劳多得，但在求职者看来，这样的待遇毫无吸引力。面对众多不确定的因素，求职者是不愿意承担收入没有保障的风险的。在招聘销售人员的时候，给出基本生活保障的无责任底薪是非常有必要的。

第二，工作经验的门槛限制。

大多数进入销售岗位的人都是没有工作经验的，很多人仅是想凭借自己的努力和激情投身到销售队伍中，希望能提高自己，取得成功。销售是一个颇具有挑战性的职业，成为销售的人很多，但能做好的却少之又少。销售主管前期不想投入资金去培训，只想让那些有经验的人直接上手为公司创造利润。如此做法，本意是想节省资金成本，但殊不知那些销售能力强的人，大都是职位非常稳定的，本来就能通过能力拿到高薪，没必要再跳槽去别的公司重新开始。因为缺乏培训，导致团队成员结构不合理或效率低下，潜在的时间成本和价值损耗也是很大的。

在招聘销售人员的时候，适当把要求降低，这样就会有更多选择，那些具备一定能力和热情，但经验不足的人就有了选择的机会。多人团队中只有少数几个能力很强的人，其他人的能力有高有低，有熟手也有新手，这样的团队结构其实是合理的。一个能力很强的销售人员的业绩，能够抵得上几十甚至几百人的业绩，那公司前期的培养费用就会立刻得到回报。相反，销售主管只顾眼前利益，只想招收那些有经验的销售人员，看似为公司节省了费用，实际上从长期来看，并不能让公司获得更大收益。最重要的是，经验门槛设定过高，是很难招到人的。

第三，上班时间不固定。

这一条是很多人不能够接受的规定。在大城市工作的人，住的地方离上班的地方一般都比较远，上班时间不固定，相当麻烦。最重要的是没有固定的休息时间，就没有办法安排自己的事情。比如，好久没见的朋友，想要见面，让说个时间，而你只能说不确定，那见面基本就告吹了。因此，你可以规定一个明确的上班时间区间，在这个区间内适当调整，这样团队成员对自己的时间安排才能心里有数。

第四，实习期的考核标准让应聘者望而却步。

案例中，实习期如果考核不达标，实习员工要承担培训费用。销售主管在制定这条规定时，也是想着一旦新招聘的销售人员离职，公司能减少一些损失。这种想法是好的，但打击了应聘者的热情。考核标准是公司制定的，达不达标全是管理者说了算。他们说我不合格，我就要走人，还要赔偿一定的损失，这种政策让应聘者望而却步。实习期的工资本就不高，还要承担赔偿培训费用的风险。在这样的顾虑下，不少人都会选择放弃尝试。销售主管在招聘新人时应考虑这一点，由公司来承担这部分风险，会打消应聘者的顾虑，增加招聘成功的机会。

优秀销售人员的特质

“工欲善其事，必先利其器。”做任何事之前，都要把准备工作做好，只有准备充分，开一个好头，接下来的事情才能一帆风顺。想要组建一个优秀的销售团队，就要招到一批优秀的销售人员。而优秀的销售人员都具备一些特质，这些特质决定了他们能够成为优秀的人。

那么一个好的销售人员应该具备哪些特质呢？

第一，较强的应变能力。

应变能力是销售人员的必备能力。在面对客户，尤其是百般“刁难”的客户时，及时、准确地把握住客户的心理，机智、灵巧地采取适当的策略和技巧来应对，是一名销售人员最基础的素养。随机应变能力强的人，既可以使化解买卖双方的尴尬，又能使客户感受到销售人员的智慧和耐心，从而增加说服力，促使客户下单。

某销售人员在一家灯具制造公司上班，这家公司生产的灯具有助于提高养殖场母鸡的下蛋量。公司让他在农村推广自己的产品。于是，他来到了一家农村的养鸡场。他敲开了门，开门的是一个老太太，他向老太太说明了来意。老太太立马拒绝了和他交流，直接说了句不需要，然后就关上了门。

他第二次敲门的时候，没等老太太开口，他就先说自己是来买鸡蛋的。老太太很高兴，请他进了门。他们来到养殖房，他问老太太一只鸡每天能下几个蛋，老太太回答说一个。他说：“我去过的养殖场，每天鸡下蛋都是两到三个，你家怎么才一个啊。”老太太不解地问：

“他们有什么养殖技术吗？”他对老太太说：“都是用了一种灯，每天开着，鸡下蛋就多。”老太太迫切地问：“可以告诉我在哪里可以买到这种灯吗？”结果可想而知，他顺利把灯具销售出去。

第二，诚信待人。

诚信是做人的基本准则，不讲诚信的人，无法获得他人的信任和好感。对销售人员来说，如果失去了基本的诚信，销售行为只能是一锤子买卖，绝对不会得到客户的第二次惠顾。如果团队里不讲诚信的销售人员过多，那将对产品的口碑以及企业品牌的形象产生极坏的影响，从而失去大量潜在客户，那样的结果实在是得不偿失。因此，作为销售人员，一定要牢牢记住，任何时候都要以诚信作为销售活动的第一准则。

1985年，刚到海尔工作的张瑞敏，发现公司生产的400台电冰箱中有76台质量不合格。他就问自己的下属该怎么办？下属都说低价卖给员工。张瑞敏却坚定地说：“我要是今天允许这76台冰箱流入市场，今后就会有更多不合格产品走向市场。谁生产的谁负责，砸了！”员工们听后都很诧异，但也只能服从。在砸冰箱的时候，都流下了眼泪。

表面上看损失了几十台冰箱，可它们确实是不合格产品，让残次品流入市场，会使员工觉得产品质量好坏无所谓，反正都能卖出去。如果那样，对一个团队、一个企业的破坏将是致命的。张瑞敏的做法，为团队树立了质量和诚信的铁律。果不其然，三年之后，海尔拿到了第一块国家质量金奖。

第三，专业的产品知识，优秀的表达能力。

这一点没什么好说的。优秀的销售人员，过硬的产品专业知识是必需的，加上自身优秀的表达能力，才能让客户了解产品，知道产品的特点，全方位地了解所要购买的产品的优劣。不懂得专业知识，只知道夸夸其谈却道不出个所以然，说出来的话就会显得苍白无力，没有说服力，那样很难让你的产品在与同类产品的竞争中脱颖而出。

第四，对大局的把控能力。

优秀的销售人员，能够将自己的职业规划与公司的发展相结合，对客户反馈的信息及时跟进，帮助公司及时调整生产或经营策略，而不只是专注于把现有的产品卖出去。尤其是一线销售人员，他们与客户直接接触，最能了解客户的心声。一线销售人员应当树立大局观意识，倾听客户的反馈，不管是赞美的还是批评的，要及时向领导汇报，再由直属领导反馈给公司的决策者，以便及时调整销售策略。

第五，对成功拥有强烈的欲望。

每个人都想要成功，让自己变得更优秀，得到更多回报。因此，成功的欲望越强，所激发出来的干劲就越足。销售是一个竞争激烈的岗位，只有激情满满、动力充沛的人，才能最大限度地发挥自身的才智，提升业绩，创造效能。

紧跟形势，大胆起用网络销售人才

国家统计局的相关数据显示：2017 年互联网普及率 55.8%，互联网上网人数达到了 7.72 亿人。面对这样一个庞大的人群，对销售行业来说，不重视网络销售的话，就会失去一个很大的市场，因此，作为销售主管，应该紧跟形势，大胆起用网络销售人才。

网络销售相较传统销售而言，有哪些特点和优势呢？

第一，网络销售最大的特点就是方便快捷。

自从 2003 年淘宝网上线以来，中国就进入了互联网销售模式的快车道。随着淘宝网逐渐发展壮大，人们的消费方式发生了巨变，足不出户，动动手指就能买到自己心仪的商品，方便快捷，也让网购成为很多人消费的第一选择。而网络销售模式不仅给消费者带来了便利，更改变了商家的卖货方式，产品销售的模式也发生了巨变。而随着网络销售规模不断扩大，单纯地依靠电商平台的网络销售方式已经不能满足市场供需双方的需求，比如依托微信、微博、贴吧、网络直播平台、短视频平台等社交媒体催生出的社交电商，产生了各种各样的网络销售模式。人们愈发感受到了网络销售的方便快捷。

第二，销售成本低廉。

网络销售不同于传统销售需要投入众多人力、物料和场地，一个页面就可以实现整套销售行为，成本自然比传统销售低得多。

小米公司创办之初，提出了“以互联网的方式做手机”的理念，更提出“为发烧而生”的口号。高配置、低价格，超高的性价比吸引了众多消费者的眼球，为小米的成功奠定了坚实的基础。

实体店销售的资金压力很大，对于刚成立的小米来说，根本就没办法进行传统销售。因此，初创的小米选择了网络销售，这就为公司节省了大量成本，创造了更高的收益。最终，小米的轰动成就了互联网手机的业界传奇，更让众多的手机厂商纷纷效仿，也都取得了不错的效果。

第三，宣传力度大。

依托众多的网络用户，借助优质的线上平台，相对于传统的媒体传播速度更快，比如微信、QQ、微博等，其单位时间内传播的范围更为广泛。

第四，能够及时得到反馈。

随着技术的不断进步，现在的网络销售已经进入大数据时代。通过大数据，商家能够清楚地看到客户的喜好，以及自己的产品的优势和劣势，这便于商家及时调整销售策略，用更能打动消费者的销售活动和文案，来让消费者认识到自家产品的优势。

第五，充分利用网络多媒体效果。

网络广告既具有平面设计信息量大的特点，同时也兼具电视流媒体广告的视听感受，而且没有平面广告需要印制、发行的漫长等待时间和电视媒体广告需要审核的时间，上线快、感受好。

第六，能够提供更优质的服务。

产品的售后服务，也是影响不少人的购买决策的关键因素。网络销售可以做到 24 小时服务，只要客户有什么需要，都能及时反馈处理，这样客户就不用担心自己购买的产品出问题而没人解决的尴尬了。

跟随时代，才能拥有未来。当今社会是互联网时代，聪明的销售主管都会大力发展团队的网络销售队伍，让网络销售成为产品销售的主要方式，帮助公司销售更多的产品。

那么，作为销售主管，在组建自己的网络销售团队时，需要选择具有哪些能力的人呢？

第一，理解和写作能力要强。

网络销售往往要写大量的软文和广告，这就需要有一定的写作能力才能胜任。在面试的时候，销售主管可以让应聘者写一段商品广告，来测试应聘者的文笔和创意。

第二，掌握一定的网页技术。

网络销售人员如果能掌握一些网页技术，就可以做一些优化网站的工作，这对提高公司网页的浏览量有很大帮助。只要浏览量、曝光度足够高，就能让更多人关注产品，提升品牌的知名度。

第三，有一定沟通技巧。

对于网络销售来说，实质上还是通过现在先进的交流手段，把自己的商品卖出去，最主要的手段还是跟客户沟通。在交流中，销售人员的沟通技巧就显得非常的重要，这是成功的关键。销售主管在面试的时候，可以进行角色扮演，自己作为客户，让应聘者扮演销售人员，让他说服你购买产品，来测试应聘者的沟通技巧。

采用“多对一”的面谈方式降低错选率

面试应聘者的时候，如果只是一个面试官参与面试，很容易忽略了某些细节，导致招到的人能力达不到要求。那样既浪费了应聘者的时间，也影响了公司招聘的计划和进度。采用“多对一”面谈的方式就可以大大降低错选率，招聘到更适合的人选。

采用“多对一”面谈方式可以让应聘者感觉自己被重视，并且感受到应聘岗位的重要性，应聘者会更加提起精神，加倍认真地对待面试。应聘者的积极性被调动起来，在回答面试官的提问时，就会更加专注，这有助于主管正确判断应聘者的能力，同时也能观察应聘者的抗压能力，降低错选率。

另外，不同的面试官还能给销售主管提供更全面的参考意见。面试官应全方位地测试应聘者，避免因一个面试官提出的问题恰是应聘者所擅长的情况，那样会掩盖应聘者其他方面的不足。其他面试官看人的角度不同，可以给销售主管提出一些不同的看法，供主管参考，这样也能大大降低错选率。

采用“多对一”的面试方式，除了能够降低错选率外，还有很多方面的好处。

第一，可以节约应聘者和面试官的时间。

“多对一”的面试方式，一方面可以一次性让招聘单位向应聘者多提出问题，考察其能力，另一方面也可以缩短应聘者的面试流程，从而为招聘单位和应聘者双方有效地节省时间，提高面试效率。

第二，帮助下属学习团队合作。

销售主管是很喜欢跟下属讲团队合作的，但光是口头上讲，毕竟不如实践来得深刻。“多对一”的面试，恰恰是一次团队合作的示范机会。面试的时候，让下属也参与进来，通过主管对应聘者的提问和对其回答的评价，让下属明白究竟团队应该怎样合作。

第三，培养面试人才，提高面试官的能力。

让多人一起参与面试，在主面试官对应聘者提问的时候，作为没有接触过面试的人是一次学习的机会，让这些人学到面试的时候，应该怎么去提问，怎样去表达和交流。通过多次参与，就能够培养一批优秀的面试官。在面试的过程中，那些熟悉面试流程和技巧的面试官们还可以互相学习，他们本身也是企业和团队的一种人才资源和宝贵财富。

在面试的过程中，主管应该注意些什么呢?

第一，安抚一下应聘者。

应聘者在面试的时候，碰到多个面试官一起面试的机会并不多，心理难免紧张，这也会影响其在面试过程中的发挥。应聘者临场发挥不好，对于销售主管做出正确的判断是有严重影响的，同时，对应聘者来说也是不公平的。所以，主管在面试前可以安慰说：“放松，别紧张，正常发挥自己的水平，不要在意身边的这些人。”这样，让应聘者尽量放松下来，发挥出自己的真实水平，展现自身的真实能力。

第二，避免几个面试官向应聘者问重复的问题。

当应聘者辛辛苦苦回答完一个面试官的提问时，接着又有一个面试官提出了相似的问题。这就会让应聘者觉得很烦，明明已经回答过了，还要再回答一遍，会让其产生一种公司对自己不尊重的感觉。那样会增加应聘者烦躁的心理情绪，影响应聘者的发挥。

第三，要控制好时间，时间不宜过长。

研究表明，人精神集中的时间是有限的，长时间处于积极思考状态，会不自觉的出现走神的情况。各位销售主管在面试的时候，一定要控制好时间，不要太短，太短没办法充分了解应聘者的真实水平，太长则会导致应聘者出现走神的状态，致使其发挥失常。这两种情况，都会干扰主管对应聘者的考察，继而影响主管做出正确决策，也就提高了错选的概率。

面试销售员时，哪些问题一定要提

招到一个好的销售员，能够证明招聘者的能力，给自己在公司积累下好的口碑，提升招聘效率。一个好的销售人员，能够给公司节省大量培训费用，同时能给公司创造更多收益。对主管来说，在面试销售人员时，要慎重选择，提一些有价值的问题，帮你筛选出更合适的人选。那么，哪些问题是一定要提的有价值的问题呢？

第一，你为什么要做销售工作？

这个问题可以让主管了解应聘者对销售这个岗位的看法，还能间接问出他是否具有实践经验。如果应聘者只是告诉你，他没有从事过这个岗位，只是听说这个岗位可以锻炼人，可以拿到更多的钱，体现自己的价值，这样的套话几乎每个刚接触销售的人都会说，主管据此就可以判断出，这个人是没有经验的，只是抱着试一试的态度，根本没有下定决心去做好销售工作。这样的人，一般都是不能把销售这份工作做好的，自然也就不用继续问后面的问题了，直接pass掉就可以了。

想要做好销售这个岗位的人，首先，他会有坚定的决心，比如他会说："我就是想做销售，因为我擅长和别人沟通，渴望说服别人，并且我最大的优势就是喜欢和别人交朋友。"这样回答的应聘者，他是真心想发挥自己的优势，想把销售这份工作干好。作为主管，应该给他提供这样一个机会，他会很感激并且努力去做好。

第二，你的长处是什么？

从一个人的长处，能看出这个人的性格特征，也能看出他所擅长的东西能否对销售岗位提供帮助。比如当应聘者是演讲能力很强的人，那这个人就善于用言语说服他人。这样的人做销售是很有优势的，有能力通过自己丰富的情感去感染客户，从而博得客户的信任，把商品销售出去。

第三，你的弱点是什么？

弱点决定一个人很难在哪些方面有所成就。这需要主管要通过询问和观察来了解，考量应聘者的弱点以及其对做销售工作的影响。最重要的是，弱点往往是一个人非常避讳的事，很多人是不会主动说出来的，这也能考验应聘者是否诚实。诚实在销售中扮演着重要的角色，销售人员的诚意会传导到客户对其所销售产品及品牌的感受上，这对销售工作很有帮助，而不诚实的销售人员是得不到客户信任的。另外，在工作中，诚实也是一项很重要的品质。自己犯了错，不敢向主管承认，也不去改正，久而久之就会酿成大错。

第四，请讲一下你成功做成一件事情的全过程。

成功销售出产品，是一件很有成就感的事情。虽然这其中会遇到很多困难，但只要能找到适当的解决方法，成功销售的概率很大。所以，了解一个应聘者成功销售的过程和思路就显得很有必要，面试官可以直接询问应聘者以往的成功销售案例或者对完成一次成功销售过程的认识。在应聘者讲述的过程中，主管就可以看出，他遇到问题时是如何思考的，会有怎样的反应，会用什么样的办法解决。这些都是主管需要特别注意的，那些遇事不慌、热情待人、积极思考、想法独到、考虑周到的人，才更适合做销售。

第五，对薪资待遇的重视度有多高？

一个人对薪资待遇的态度，能反映出很多东西，比如对自身能力的定位、对岗位的预期、对公司的认知和预期等。职场还是公平的，特别是销售这个职业，能力和收入是成正比的。能力强，多签单，自然收入就高；能力差，业绩差，收入也就是挣个底薪，拿不到什么提成。所以，问一个应聘者对薪资待遇的看法，可以判断出其自我定位，让面试者对其有一个最基本的认知。这里需要特别强调一点，面试者不要一听到应聘者提出希望工资高、待遇好、少加班这样的要求，就直接给这个人贴上"想得美"的标签，认为这个人肯定好吃懒做。如果能力强，可以多拉业务、多签单，何必非要用那些条条框框来束缚应聘者呢？销售最重结果，业绩理想，放宽待遇条件、大胆一试又有何不可呢？

第六，提问应聘者是否有一个职业规划？

成功者大多都有一个清晰、明了的职业规划，让自己尽可能明白职业生涯中的每一步应该怎么走。面试时，让应聘者讲述自己的职业规划，能让主管快速了解这个人是否有目标和雄心。对于销售这个岗位来说，目标要定得稍微高一些，最好是那种踮起脚尖就能够得着的目标，这样有助于给自己适当的压力来逼迫自己更加努力。如果应聘者把自己的职业规划定得太离谱，那就体现出这个人太浮躁，急功近利，不肯脚踏实地，不能安心下来做好一件事情。如果应聘者把目标定得太低，那就体现出这个人缺乏上进心，得过且过，没有担当和雄心。

这些问题，在面试销售人员的时候，尽量做到面面俱到，这样就能更全面地考察应聘者的能力和素养，从而更加客观地判断出一个人是否适合加入公司，成为销售团队的一员。

警惕在用人上“讲关系”

“主管，你看能不能让我家孩子来你这做个销售，我们俩这关系，帮个忙呗！”这一幕相信很多人都不陌生。在社会中，靠“讲关系”进入公司屡见不鲜，而且多数靠“关系”进来的人，一般都是能力不强的人。对公司来说，“关系户”过多是一种负担，要警惕在用人上“讲关系”。

李奇跟王昕伟是好朋友，两家离得很近，平时常有来往，关系很好。

李奇是一家房地产公司销售主管。有一天，王昕伟找到他说：“我儿子最近失业在家，也没有找到什么合适的工作，你说都成家的人了，不能天天待在家里什么都不做吧？你现在是主管了，能不能让我儿子先去你那工作？”李奇说：“那没问题，明天让他来上班吧。”

第二天，王昕伟的儿子来到公司开始做销售。刚上班几天，他就跟其他销售同事闹得很不愉快。同事因为业务上的事跟他产生了争执，他竟然骂人家，骂完了还说有本事告诉主管，主管是我叔叔。就这样，很多同事都不想和他共事，当他遇到问题的时候，别人也不帮他。这样的状态持续了好几个月，基本都没业绩，碍于面子，李奇也没开除他。

渐渐地，这件事情传到了经理耳朵里，经理大为恼火，骂了李奇一顿。李奇没有办法，只好把王昕伟的儿子开除了。因为这件事，李奇再也没有跟王昕伟联系过。

通过“讲关系”进入团队的人，大多都和领导有关，那些人优秀者甚少，通常会给整个团队带来麻烦。

第一，通过“讲关系”进来的人，普遍会有看不起别人的毛病。

这些人在跟同事相处的过程中，很多都会觉得自己高别人一等，不懂得尊重别人，从而引发同事之间的矛盾。更有甚者，还自以为自己无论犯什么错误，都会得到原谅，久而久之变得肆无忌惮，自己想做什么就做什么，完全无视公司的章程制度。这会把整个团队搞得乌烟瘴气，影响非常恶劣。

第二，破坏主管的形象和权威。

通过主管的“关系”进来的人，能力很强，在业务上能够让同事们信服的人，还不会有什么问题。而那些没什么本事还喜欢仗“势”欺人，下属就会意见很大，会觉得主管眼光差，或是认为公司不重视员工素质，团队不看重业绩。长此下去，团队风气会变得很差，变得没有上进心和凝聚力，主管的权威和领导能力都会大打折扣，自然也不利于公司的长期发展。

第三，损害公司的利益。

因为和主管“有关系”，让一些不适合这个岗位的人进了公司，给公司带来难以估量的经济损失。主管这样的行为，也辜负了领导的信任和自己应该承担的责任，是对公司制度的公然破坏。

作为主管，应该警惕在用人上“讲关系”，具体应该怎么去做呢?

以身作则，不开先例。凡事只要有第一次，就会有第二次，而后一发不可收。朋友、亲人向主管开口，想要通过“关系”进入到你管理的团队。不要开这样的先例，可以直接向对方表明立场：“我用人向来都是看能力的，不讲‘关系’的，团队里没有一个人是通过‘关系’进来的。”这样比较容易说服对方。一旦开了先例，别人就会拿这个来说事儿，他们会说：“你已经让别人进你的团队了，凭什么不让我这个进，难道我们的关系比不上别人吗？”这样就很被动。

以退为进，使用测试。有时候，对于一些关系特别好的亲人或者朋友，作为主管的你实在是不好推脱。这时，你可以以退为进，先同意其进入你的团队，然后表明需要通过其他管理者的测试才可以留在团队。这样的话，亲人、朋友也就不能再为难你，毕竟不是你一个人说了算的事。如果通过测试，进入团队名正言顺，其他人也不会说什么；如果没通过测试，那你就可以对自己的亲人、朋友这样说：“不是我不帮忙，实在是无能为力，公司有公司的制度，我也没办法。”这样既不得罪亲友，也没有对不起公司，算是一个两全其美的方法。

作为销售主管，做到用人绝不讲人情，既不任人唯亲，也能举贤不避亲，这样才可以选拔出真正优秀的人才。

小心掉入“快速扩充”的陷阱

有不少公司，随着业务规模的快速发展、壮大，感觉销售团队的人数已经不够用了。这时，销售主管就会想到能否扩充自己的销售队伍，毕竟人多力量大，人多能带来更高的销售业绩。这个策略出发点是好的，但往往“快速扩充”队伍并不一定能带来正向效果，却掉入“快速扩充”的陷阱。

如果你的团队从几人快速扩充为几十人，那将带来很多新问题。可能那些能力超强的销售人员，就不得不去带新人熟悉业务，这样反而会拖慢产品销售的节奏，甚至让那些本可以创造更大价值的优秀员工被搞得焦头烂额。

许多销售主管都会犯这样一种错误，那就是认为扩充团队规模就能带来更多业绩。这其实是个很具迷惑性甚至毁灭性的策略。单方面认为多招人就能多拉业务多卖货，因此开始漫无目的地扩充团队规模，甚至招收很多新人，希望给团队带来活力，殊不知这会对团队的速度和敏捷性造成破坏。

如果是想通过扩充团队规模来提升业绩，就应该有所规划，重点是要雇用那些已经对新技术或新视角有所接触的“熟手”。快速发展的团队，团队不应该成为新手的练兵场，那样只会让团队愈发臃肿，降低效率。

培养一个优秀的销售人才需要的时间是很长的，同时投入的人力物力也是很大的。谁都没法保证自己看人的眼光百分之百准确，所以一旦培养的销售人才离开，一切的付出都化为泡影，公司的损失是很大的。

作为主管，你要慎重思考：招聘真是有必要的吗？你的团队是不是必须在这个时候招人？是不是真的需要更多人手来完成当前的工作？

初级管理者最常见的错误思维是盲目扩充自己的团队，因为他们总想管理更多的人，甚至有人觉得，只有管理更大的团队，自己才有上升空间，说到底这是私心，根本没有站在公司的角度为大局来考虑，只想到了自己的利益，想要牺牲公司的利益来满足自己的欲望。“兵不在多，而在精。”能够打胜仗，从来都不是靠人数多，靠的是将军的智谋和士兵的骁勇。销售团队也是一样，与其扩充队伍，不如提高现有成员的能力，发挥大家的才智，这样比招更多新人进来磨合的效果要好得多。

那些空降的管理者，最常见的招数就是想方设法安插“自己人”进来，觉得老团队的人不好用，就想用自己熟悉的人换掉他们，这其实是削足适履，要担很大风险的。这种管理方式在工作中是很不好的坏苗头，应该早预防，早发现，早处理。如果处理不当或太迟，直到他赶走了那些公司花费很长时间、用大量资金培养出来的老班底，才开始警觉，那公司的麻烦就大了。新人进入团队，即使有相关工作经验，也要经历一段不能确定时间长短的磨合期，那势必严重影响公司的发展。如果团队能熬过来还好，团队只是经历一段阵痛期就会走上正轨；如果新团队始终问题重重，那整个团队甚至公司都会不可避免地走向衰退，甚至威胁到公司的生存。

不能有效量化评估个人工作产出的时候，不要新增人手。现有团队工作量没有饱和到一定程度之前，也不要增加人手。一旦增加了人手，这些现有团队的人就会慢慢懈怠自己的工作，把自己的销售任务交给新人去做。这样反而不能完全开发出他们的能力，新人的能力有限，也不能够完成销售任务，既耽误了现有团队发展，也影响了业绩的提升。千万不要有“先把人招进来，再给他们找事情做”的想法。个别企业就是这样，先把人招进来，实在不行再淘汰，这样做会造成人力、物力、财力的不必要损耗。

如果你是个管理者，多想想如何才能在不扩充团队规模的情况下能做更多事，这是你的职责，也是你个人能力的体现。如果一到冲业绩的时候就想着多招人，那这个管理者的领导力和管理智慧有待商榷。

不可不知的面试“三字经”

面试销售人才，务必要遵守“三字经”规则，即：面试官人数至少三人、面试次数至少三次、面试场合至少三个。

面试官人数至少三人，指的是在面试应聘者时，安排的面试官至少三个人。

一个面试官往往因为个人原因，问的问题会有所局限，偏向于个人的意见。比如，如果面试官偏向于个人能力的表现，那他在面试的时候就喜欢问一些关于个人销售业绩方面的问题，那样可能会忽略应聘者对团队的看法。销售团队是一个整体，如果成员不懂得团队精神，而只顾及个人的表现，那让这些人进入团队，可能不利于团队内部的团结和发展。

面试官人数安排至少三个人，三个人的看法和思想一般都是不一样的。每个人在面试的时候，会从不同的侧重点去询问应聘者，就可以从不同的方面考察应聘者的能力。更好地把握应聘者的各方面的能力，为最终决策提供很好的辅助作用。

面试次数要保持在三次或者三次以上，这样通过多次面试，可以从不同的层次和深度对应聘者进行考察，更加详细、深刻地了解应聘者的能力。

销售岗位对于员工能力的要求是多方面的。首先，要有一定的口才和销售能力。这是想成为一名销售人员的必备素质。其次，要有应变能力。这保证销售人员在面对客户随时可能出现的突发情况，能够保持镇静，及时做出反应并且能够合理处理。最后，就是礼仪，在不同的场合需要不同的礼仪，这既是对客户的尊重，也能体现其个人修养。得体的礼仪，可以在客户的心里留下好印象，增加销售成功的概率。

所以，多次面试就可以着重从这三个方面对应聘者进行对比和筛选，决定是否录用。

不同的场合决定着人的说话方式和礼仪规范，合体的穿着和符合特定场合的说话方式，能够获得客户的认可和接受。相反，不懂得这些，会在客户心里留下糟糕的形象。销售人员在销售的过程中，往往会在不同场合见客户，不懂得这些是很难说服客户的。

在不同的场合需要使用不同的说话方式，并且需要使用礼仪规范。所以如果条件允许，面试者最好能在不同场合对应聘者进行考察，考量其在不同场合下的表现。

林宁是一家办公用具制造有限公司的销售人员，他凭借着自己高超的销售技巧，长期占据着团队销售冠军的位置。因此，销售主管杜林非常器重他。在一次会议上，杜林当着团队成员的面说："林宁非常优秀，几乎每个月的销售业绩第一名都是他，今天就让他上台给大家分享一下经验。"

林宁上台说："今天我就给大家讲一个故事。刚到公司工作时，有一次，我到一家公司去见客户，刚到这家公司，就看到这名客户朝我走来。我跟他打了招呼，他说跟我来吧，随后我们来到一家咖啡厅坐了下来。我开始给他讲自己销售产品的信息，但客户丝毫没有兴趣，只是喝咖啡。过了很长时间，他打断了我，对我说'小伙子，这样的讲话方式，换作是你，你会怎样？'瞬间我变得非常的尴尬，然后，我也拿起咖啡喝了起来。接着说'咖啡很不错，你觉得怎样？''嗯还好，只是再加点糖就更好了。'就这样，我们通过简单的聊天熟悉之后，咖啡也喝得差不多了，然后又转回到销售的产品上，这次终于获得了客户的认可。"

场合的改变，往往交流的方式也需要改变，销售人员想要得到客户的认可，就要首先满足客户所求。在不同的场合，就要选择合适的交流方式，让客户在很自然、很舒服的情况之下，欣然接受你和你销售的产品。

因此，在面试销售人员时，场合的改变是非常有必要的。面试人可以选择在咖啡厅、办公室、面试官的家里都可以。在这些场合，包括休闲、正式、私密等环境，基本能够囊括销售人员工作的环境，通过观察应聘者的表现，就能判断出他是否有能力胜任这份工作了。

总之，在面试销售员的时候，为了更加全面考察应聘者的能力和素质，对应聘者采用面试“三字经”规则，基本就可以招到一个好的销售人才了。

随时随地发现理想的销售人才

在工作中，很多人都不知道自己究竟擅长什么，拥有哪些能力，结果就成了每天做着自己不喜欢的事情，工作成了熬时间。作为主管，专业经验是非常丰富的，能够看出具有销售天赋的人才。因此，当公司员工个人无法发现自己的优势时，主管要随时随地发现团队成员的长处和优势。

黄兴安是一家日用品销售公司的销售主管，在他的带领下，销售团队取得了不错的成绩。但他依旧不满足，想要把销售团队搞得更好。

一次，他来到公司食堂吃午餐，他打好了饭，一个人坐下吃饭。这时，有几名公司员工坐在他对面。他们边吃边聊，天南海北地侃。聊到无人机话题时，其中有一个员工详细讲述了某品牌无人机的参数、性能以及使用人群，然后又分别对比该品牌同系列产品优劣，甚至介绍了无人机的保养与维护，以及应该如何购买才能更划算的小技巧。

黄兴安听到这里，虽然不知道他是哪个部门的，但看到公司还有这样一位销售人才，心里非常高兴。他的介绍，简直是一条龙式服务，他的口才和思维，让人很难拒绝他推荐的产品。这样的销售人才，竟然没有加入自己的团队，实在可惜。他立刻上前打断了这几个人的聊天，然后表明了自己的身份，并且询问刚才做无人机讲解人的姓名，邀请他加入自己的销售团队。

经过黄兴安的劝说和鼓励，那名员工同意加入销售团队。在后来的工作中，证明了黄兴安的看法是正确的，这名员工现在已经是团队的核心了。

韩愈说："世有伯乐，然后有千里马。千里马常有，而伯乐不常有。"任何行业的人才，都需要有人慧眼识珠，作为销售主管，也需要拥有一双发现人才的慧眼，为团队补充活力。

需要特别注意的是，发现人才的途径，不一定单纯地通过招聘面试来发掘，销售主管要具备随时随地发现销售人才的能力，亲戚、朋友中谁适合做销售的人才，竞争对手的团队中是否有可能跳槽到自己这里的人才，公司其他部门是否存在具有销售潜质的人才，日常生活中遇到的人是否是干销售的料，这些都是发现"千里马"的途径。当然，招选人才的前提是尊重对方的选择，不能为了得到人才而不择手段、不讲职业操守。销售主管要时刻绷紧"这个人是个干销售的好苗子"这根弦，也许无意间的一次偶遇，就能为你的团队招揽一名未来的骨干，成为你的得力助手。

总之，销售主管想要随时随地发现理想的销售人才，需要做到两方面：一方面要了解销售人才应该具备的能力，另一方面需要扩大找寻的途径。

02

培训再培训，销售没有天生的英才

培训能够让团队成员快速提高销售技能，这对公司的销售团队发展有很大帮助。每个人的能力和不足都是不同的，面对这些问题，培训时不能搞“一刀切”，要区别对待，了解不同员工对培训的需求，然后制定差异化的培训方案，这样才能提升培训的效率。

永远别指望下属能自动成长为精英

也许在你的团队里，真的有那种无师自通、悟性好又很努力的销售人员，但你不能指望所有的员工都是顶尖的业务员，这不现实。更多的人需要去培养，督促并帮助他们成长，让他们变得更加优秀。如果单靠下属自己摸索着成长，不仅费时费力，而且收效也不佳。提高下属的销售能力，最直接、有效的方法，就是培训。

那么究竟应该怎样培训呢？将销售人员根据其业务能力进行分段培训是比较常用、也比较合理的方式。

可以按以下方法将团队成员分为几个阶段，分别为：入门阶段、初级阶段、高级阶段。分类后就可以根据员工所处的阶段进行有针对性的培训，而后再通过学习效果反馈进行重点培训，这样的培训更加系统，能提高销售人员能力，增加销售团队业绩。

入门阶段的培训，主要是针对那些刚刚加入到销售团队的员工。这些员工往往是第一次做销售，对于销售这个行业没有多少了解。这一阶段的培训内容主要是让刚入门的销售人员对岗位有基本的认知，知道什么是销售。销售是一种自我渴求成功的过程，在生活中，处处都能看到我们在自我销售。比如参加一个面试，要尽自己最大努力，向面试人推销自己，希望得到认可，这本身就是一个类似销售的过程。

销售并不是简单地把产品卖给客户就算成功了，它涉及社会交际学、社会心理学、社会礼仪学等众多专业学科方面的知识和技巧。很多人看不起销售这个岗位，因为觉得入职门槛低，而且大多数人都在做。这种看法很肤浅，作为销售，一定要摆正自己的心态。销售是一个很有技术含量的行业。这个行业充满了挑战和激情，只有那些相当勇敢和有能力的人才能成功。

初级阶段的培训内容主要包括：产品的认知、礼仪规范、精神面貌、客户心理等。

产品的认知最为重要，这是销售的基础，对于自家产品的熟悉程度能够展现出一个销售人员的专业度，这是说服客户、让客户信服的法宝。面对如此专业的人，客户就会相信他说的话，大大增加产品最终被选择的概率。

礼仪规范能够体现销售人员的修养，在与客户进行沟通和交流的过程中，良好的礼仪能够快速吸引客户，并得到客户的信任和认可。因此，在培训中，这一点不能忽视，通过培训，让销售人员学到应该掌握的礼仪规范。

精神面貌是给客户的第一感觉，同样也是销售人员自身工作状态的体现。如果精神面貌不佳，会让客户产生反感，直接给销售人员造成不必要的麻烦。谁都不想跟一个一副无精打采样子的销售人员打交道，那种状态是对客户的不尊重，也是对自己身为销售这份职业的不尊重。

对于客户心理实时准确地把握，能够让销售人员及时改变自己的沟通策略，尽量满足客户的需求，顺着客户的心理，一步一步地进行讲解和说服，让客户购买自家的产品。了解客户心理之后的销售方法，会让客户心里感觉更舒服，更愿意跟销售人员沟通，产品更容易卖出去。

高级阶段培训的主要内容是销售技巧，包括：谈话技巧、销售方法、团队精神等。

谈话技巧就是在跟客户谈话中的技巧，这些技巧能够帮助销售员应对很多常见情况、意外或突发状况。比如：突然的尴尬场面、客户生气了不想谈了等。谈话技巧在说服客户、挽留客户的过程中，用处是非常大的，用好了，有化腐朽为神奇的力量。

销售方法就像是为一个在前线拼杀的战士提供后勤保障，让他们有充足的弹药和丰裕的补给来拿下战斗，取得最终胜利。销售方法的培训至关重要，不仅仅是一些常规操作或话术、伎俩的教授，更重要的是帮销售人员拓展思维、开阔视野、转换角度，让销售人员快速完成产品的销售。

团队意识对销售人员来讲也是非常重要的。个人能力再强，很多业务也是无法靠自己单打独斗就可以完成的。虽然销售主管乐于见到团队中多涌现出一些销售明星，让这些优秀的销售人员之间形成良性竞争，来带动整个团队的氛围，但主管并不想看到众人各自为战，争做孤胆英雄。只有团队形成合力，才能提高整体竞争力；而只有团队竞争力强了，才能使整体的销售业绩有质的提升。

永远也别指望新员工能够自动成为精英，要给予他们不断地培训。只有不断地培训，不断地学习和提高，才能在竞争激烈的社会中脱颖而出，成为销售精英。

打消新员工对销售的误解

大多数人对销售这份职业存在误解，最突出的莫过于：岗位不体面、拿不到高工资、工作压力巨大。

工作本身没有高低贵贱之分，只是分工不同罢了。其实每一个岗位都有其存在的意义和重要性，只要努力，在每个岗位上都能有所成就，都会受到人们的尊敬，那些认为做销售不体面的人，说白了也是为自己的不努力找借口。

工资的高低，永远跟个人付出的劳动是成正比的。销售也是一样，能拿到高工资的销售人员一定是付出了努力。而且销售的工资构成不同于坐办公室的白领，理论上说是没有上限的，签单多，提成就多，赚多少提成全凭业绩，这点很公平，也很有吸引力。

觉得销售压力大，是因为有业绩指标压着。但压力其实和收入也是成正比的，在巨大的压力之下，能够让人快速提升、激发个人潜力。那些觉得销售压力大的人，某种程度上是未战先怯，还没开始上手工作，就整天担心业绩完不成，这样的人即使不做销售，在其他工作岗位上也难有什么大的成就。

销售是一个非常考验人、锻炼人的工作，不仅能锻炼口才，提高与别人交流的能力，还能提高心理承受能力、应变能力等，而且可以扩大自己的交际圈子，在销售的过程中会认识各种各样的人，说不定其中某个人就会在你以后的事业中给予你莫大的帮助。

想要打消新员工对销售的误解，就要让他们认识到以下几点。

第一，要敢于接受挑战。

要想打消新员工对销售岗位的误解，就要他们敢于接受挑战。销售是一个具有挑战性的工作，薪资往往是由业绩提成来决定的，同时，每个月都有一定的销售任务。而接受任务就相当于接受了挑战，不能再求安稳。

第二，要做好吃苦的准备。

俗话说："吃得苦中苦，方为人上人。"吃苦是人生必须经历的事情，谁都无法逃避。要让新员工明白，吃苦是提高自己销售能力的基础，是必须要做的功课，只有把这门功课做扎实，才能有更多发挥的余地。一名优秀销售人员的技巧、能力和经验不是凭空获得的，需要不断地积累和磨炼，这要经历一个艰苦而漫长的过程，但你努力的每一步，都将成为你变得优秀的基石。

第三，要懂得压力就是动力。

巨大的压力是销售工作时刻面临的，没有压力就没有动力，如果让销售人员做他们轻易就能办到的事情，根本就没有任何压力，渐渐地他们也就失去了奋斗的动力。让新员工懂得压力就是动力的真理，不要把压力视为公司对他们的压榨或是无法完成的任务。重压之下会爆发出巨大的潜力，不逼一下自己都不知道自己有多优秀。在销售工作中，顶住压力，不断提高，赢得业绩的同时也能成就自己。

第四，要让新员工明白销售无处不在。

任何企业都离不开销售，而众多岗位都需要推销自己的成果，其实也有一个销售的过程。比如，你是一家玩具公司的设计总监，你设计了一款玩具，要拿着自己的设计图纸去向领导介绍自己的作品，希望得到领导的认可和公司的支持。这个介绍的过程也具有销售的特性，而且当设计被加工成成品，就需要销售人员去卖货。有销量，你的作品才算是真正被市场认可，才能获得奖金。因此，销售对任何公司而言都是非常重要的岗位。所以，作为一名销售人员，应该有自豪感，因为你的工作成果是保证公司发展，直接关系到公司所有员工的利益，你的重要性是无可替代的。

总之，想要打消新员工对于销售的误解，就要让他们认识到销售是一个光荣的职业，受人尊重的职业，也是一个极具挑战性和独特魅力的岗位，要有勇气接受挑战，坦然面对那些非议，抱有让人生充满未知的新鲜感和期待感。以正确的心态来看待销售这个岗位，就能创造出更大的个人价值。

了解员工的培训需求

培训能够让团队成员快速提高销售技能，这对销售团队发展有很大帮助。每个人的能力和不足都是不同的，面对这些问题，培训时不能搞“一刀切”，要区别对待，了解不同员工对培训的需求，然后制定差异化的培训方案，这样就能提升培训的效率。

那么问题来了，怎样才能比较全面地掌握销售人员的培训需求呢？销售主管应该先设计一个调查报告，然后根据调查结果，按照不同的需求以及需求的紧迫性来决定培训的内容和时间。

要想调查得比较全面，调查报告的设计，应该从以下几个方面入手。

第一，销售人员该掌握的知识。

一个合格、优秀的销售人员，不但要能详细地为客户讲解自己的产品，还要能和市场上竞争对手的产品进行比较。让客户懂得自己买到的产品在市场上处于什么位置，对比其他品牌有什么优势和不足。这些都需要扎实的专业知识来保障。

销售知识培训的调查，可以着重从以下几个方面入手。

◇是否具有产品分类以及各自的特点方面的知识；

◇是否掌握本行业的专业术语；

◇是否了解所销售产品的特性以及对产品的介绍方法；

◇能否在与客户沟通的过程中熟练、正确地介绍关于产品的知识；

◇是否了解与竞争对手同类产品相比，本公司产品所拥有的优势和劣势。

第二，销售人员的技能。

一个完整的销售过程，需要经历不同的阶段，比如：销售人员拥有良好的沟通能力，能够和客户进行有效的沟通，让客户了解产品；销售人员要准确把握客户购买心理，这样才能够找到重点和突破口；运用自己的销售技巧，以良好的服务能力取得客户的信任；准确掌握市场的供求情况，进行合理的斡旋，让客户相信自己的产品的竞争优势等，这些都对增加客户选择的概率有所帮助。

因此，销售技能培训的调查，可以着重从以下几个方面入手。

◇沟通能力、销售能力、服务能力；

◇对产品销售人群和客户购买心理的把握；

◇如何进行推荐能让潜在的客户变为真正的客户；

◇是否了解市场上的供求情况。

第三，态度。

销售人员应该具有良好的心理素质，在面对不同客户、出现不同状况时，是否能够保持自己的个人形象，以良好的心态来对待客户，这在很大程度上决定了客户是否会选择你的产品。诚信是销售人员的基本准则，再有就是礼仪和修养，那些不好的个人习惯，会在跟客户交流的过程中引起客户的反感和不适，因此要特别注意改正。

态度培训的调查，可以着重从以下几个方面入手。

◇个人形象的保持，对待客户是否友善、有耐心；

◇客户生气，能否进行安抚；

◇是否诚信，是否对客户私下进行承诺；

◇是否能改掉自己的毛病（这些毛病就是会引起客户反感的不良个人习惯）。

第四，逆商。

作为销售人员，接触到的客户数量是相当大的，而且被拒绝更是家常便饭。因此，想要成为一个好的销售员，逆商是非常重要的，不仅要禁得起失败的打击，还要有很强的毅力和耐受度，来扛住业绩压力和客户的刁难。特别是与大客户的谈判沟通，会经历一个漫长而艰辛的过程，没有一定的毅力是坚持不下来的。所以，在对销售人员的毅力进行培训时，可以组织销售人员进行野外生存训练，这样更能够看出团队中各个成员的意志品质。

通过不同方面的调查，就能初步了解团队中各个销售人员的诉求，这些数据对销售团队来说是很宝贵的，因为那是来自团队成员的心声，可以看出大家的想法，反映众人的工作状态和对团队的期待。这些数据也能反映每一个销售人员的不足。只有做到心中有数，培训才能有的放矢。

制定具有针对性且可持续的培训计划

了解了销售人员的基本情况，主管已经清楚了这个团队的优势和劣势。想要把团队打造得更好，就需要主管据此制定合理的、可持续的培训计划，来提高团队成员的个人能力，增强团队的竞争力。

什么是有针对性并且可持续的培训计划呢？我们先来看一个案例。

A公司的销售部门有自己的培训计划，每隔两个月进行一次培训，要求所有销售人员都要参加。在这个培训会上，主管要求培训师要将销售的新模式和新方法介绍给自己的团队。然后，讲销售的基本知识，细节非常多，但每一个细节都点到为止，浅尝辄止。结果，每次培训过后，团队成员基本上都是一头雾水，听的时候觉得信息量很大，但过后又觉得没学到什么。这样的培训持续了一年，团队成员的能力没什么明显提升，业绩也没什么起色。

B公司的销售部门在培训时，他们根据不同的销售人员对知识和技能掌握的不同，将大家分成了好几个小组。这些小组包括：产品知识巩固小组、产品知识介绍创新小组、谈话技巧升级小组等。详细分类，进行有目的性的培训。经过几次培训以后，整个销售团队不同层次的销售人员都有不同程度的提高。

从上面两个案例中，明显可见针对性培训的重要性以及对整个团队的影响。每个销售人员都有自己的认知范围和能力极限，超出了这个范围和极限，就很难做成某件事。再优秀的团队，成员的能力也是有差距的。像案例中A公司那样“大水漫灌”式的培训，新手觉得内容太多消化不了，老手觉得毫无新意浪费时间，自然难有好的效果；反观B公司，针对不同的人，进行有针对性、有目的性的培训，还成立了不同的专题培训小组，这对团队的发展很有帮助，对团队的整体提高大有裨益。

可持续性指的是建立合理、有效的体系，让这个体系像生态系统一样，能够不断地自我更新、与时俱进。简单来说，就是将培训计划分为几大模块，让这些模块互相关联起来，形成一个循环往复的体系，让不同层次的销售人员对应不同的模块，进行有效的培训提高。

至于模块的设计，大致包括四个方面：知识模块、技能模块、团队模块和创新模块。

知识模块，指的是公司产品知识、客户心理知识、销售人员文化知识。公司产品知识又可以具体分为几大类，相同的或者相近的分为一类，让销售人员按照大类去掌握，针对所欠缺的部分进行培训和讲解。客户心理知识可以分为购买心理、排斥心理和比较心理。对这些心理活动都有针对性的解决方案。销售人员文化知识可以设置初级、中级和高级，针对不同的文化水平进行培训。文化知识起到增色的效果，良好的文化修养能更好地得到别人的信任和认可。

技能模块，指的是说话技能、做事技能、处理紧急情况的技能。说话技能主要是跟客户谈话的时候，销售人员的言语表达以及让人感到舒服的能力，它是决定能否将产品销售出去的关键因素。做事技能是与客户在进行多次交谈和见面的情况下，为了抓住客户心理而采取相应措施的能力。处理紧急情况的技能，顾名思义，就是遇到比如客户质疑或者生气等突发情况或意外时，销售人员的应对能力。

团队模块，是培养一个销售团队的团结能力。主管是否能够管理好团队，团结是前提。只有团结起来，才能让主管发出的命令得到有效执行。

创新模块，主要是针对那些优秀的销售人员，促使其增强自我提升、自我创新的能力。模仿别人的提升总是有限的，根据自身和团队的条件和特色进行创新，才能更有效地保持活力，并逐渐形成自己的核心竞争力。

这四大模块是培训的重点内容，而且这四大模块是分层级的，按照从低到高的层次来分的。主管根据销售人员的能力，进行有针对性的培训。最为重要的是，这四大模块既相互独立又相互影响，可以为公司培养不同层次的销售人才，并且作为框架具有显著的针对性和可持续性。主管可以根据销售人员的不同层次进行分类，根据这四大模块安排具体的时间、地点和讲师来培训。

分析销售数据，定好培训重点

销售主管要想取得更好的业绩，一定要制定出切实可行的销售方案，要让自己的销售团队有针对性的销售。而制定这样的方案，离不开对销售数据的分析。

某百货公司销售主管孙超在月初要求下属做一份上半年销售数据分析表，几天后，他拿到了数据分析表。他详细地看完了每一个数据，然后进行分析。最终，他得出结论：日用品中的洗衣液和鞋刷在接下来的几个月会大卖。于是，他立刻召开会议，向大家说明了情况，决定专门成立一个培训班，在接下来的一段时间内，让销售人员接受关于洗衣液和鞋刷这两方面的特别培训，重点就是洗衣液和鞋刷的相关知识和销售技巧。

很快，这一专门培训发挥了效果，在接下来的两个月时间内，两种产品对销售额提升的贡献达到了30%。

销售的成功与否，很大程度上取决于市场的需求。而市场需求是可以通过对销售数据的分析得出来的。所以说，数据分析对销售主管来说非常重要。

做销售数据分析，最重要的是数据来源和统计要真实可靠。特别是数据来源，如果数据来源都不准确或存在偏差的话，分析出来的结果很可能是错误的，会直接误导主管的判断，对销售业绩产生重大影响。

一个完整的销售数据分析过程，通常包括整体分析、地域分析、产品线分析、价格体系分析这四大方面。

整体分析，就是分析总销售额，可以观察与业内同行销售额的差距，或观察不同季节对销售额的影响，抑或发掘不同产品线中的明星产品，然后观察其销售走势等。通过观察以上这些数据并进行分析，就可以大致判断出自身的产品在行业中所处的位置；不同季节影响下该如何压货或增加生产量；得知哪一种商品销售表现较好，结合价格体系制定出合适的总体销售计划。

地域分析，顾名思义就是同一种产品在不同地方的销售情况的分析。了解不同地区商品销售的情况，可以总结出在重点区域或非重点区域哪些商品销售较好。主管可以根据不同地域的销售状况对销售人员的部署和分配进行合理调整。

产品线分析，是对系列产品以及单个产品进行分析，观察重点产品的销售趋势和市场表现，及时发现这些产品是否存在问题，以便提出改进计划。

价格体系分析，是指找出那些销售量大并且利润可观的产品，并且结合市场的具体情况，综合判断是否能够制定长期的战略发展规划。

进行完详细且认真的数据分析后，主管就可以精准把握下一步的工作重点，并且制定出详细的销售计划，按照计划，拟定合理的销售策略。策略改变，相应地，对销售人员的培训重点也要改变。

鼓励团队成员进行自我培训

想要培养一个优秀的销售团队，单纯依靠企业安排的培训，显然是不够的。毕竟企业培训的频率不会太高，一年到头，培训的次数是有限的。所以这就需要销售主管鼓励团队成员积极主动地进行自我培训，这样才能保证团队的学习能力不断自我进化。

五华商贸有限公司的销售主管李江，为了提高自己所带领的销售团队的业绩和水平，已经安排了好几次大型培训了。但是，效果并不理想。对此他很苦恼，也思考了很久，想来或许是培训的时间间隔长、培训时间不充足、培训人数多、大家不认真听讲等因素导致的。

于是，在一次培训结束后，他让大家都到办公室开会，会上他说："相信大家对培训已经有一定的认识了，虽然在培训的课程中大家都有所收获，但培训的时间都不长，大家不能深刻理解，记忆也不够牢固。大家都是有上进心的人，都想让自己的能力快速提高，我鼓励大家利用自己的闲散时间进行自我培训。这样就能够保证学习的时间，时间有保障了，提高肯定更快。"

在他讲话后不久，有一些销售人员就开始通过网络、亲友、书刊等渠道来自我培训，而有些人则单纯记忆培训课上的内容。一段时间以后，进行自我培训那些人的销售业绩有了明显提升。

销售技巧的学习是一个长期的过程，不能完全依靠公司安排的培训来学习，更多的是需要自己不断努力，不断自我培训、自我学习。成功没有任何捷径，只有踏踏实实、一步一步来。

俗话说:“师傅领进门，修行靠个人。”大多数的时间，销售人员还是要靠自己平时的用心积累来学习，公司安排的培训只是起到指导的作用，点明方向，拓展技巧。通过自我培训，利用空闲时间来学习和提高，才是根本。

相较于团队集体培训，在自我培训的过程中，自己哪里有欠缺和不足是很清楚的。对于那些自己本身已经熟练掌握的地方，就不用特别花时间去学习了。对于自己的欠缺和不足之处，可以加大学习时间和力度，查找相关的知识，进行有针对性的学习。这样的学习效果会比在培训过程中习得的更深刻。

那么，作为销售人员，特别是没有太多经验的新人，他们不知道应该怎样进行自我培训，以及该去培训哪些知识的时候，作为主管的你，就应该为销售人员指明学习的方向。比如：说话需要注意的技巧、购买者的心理等。

至于学习的途径，网络、书籍和与优秀销售人员的交流，是自我培训最重要也是效果最好的途径。值得一提的是，自我培训一定要带着自己的思考，结合日常销售实践来复盘自己在向客户介绍产品时的表现，与所学的理论知识相互印证，这样才是对知识的活学活用，而非机械地记忆，对自身能力提升的效果会更好。

培训内容要有实战性

销售行业的人员流动是相当频繁的，对于销售主管来说，如何在短时间内迅速提高销售人员的水平，给公司创造业绩，就变得非常重要。所以，实战培训是非常有必要的，可以帮销售人员快速融入情境，习得最实用的销售方法。

现在很多公司为了节约成本，在培训销售人员时大多采用集体培训的方式，一次培训的内容往往很多、很杂，而且理论性大过实战性。这种培训方式，表面上为公司节省了培训资金，实际上却因培训效果不佳而造成了不少无形的损失。

培训缺乏实战性，就增加了销售人员消化知识的时间成本和理解偏差的风险，导致销售人员在解决具体问题时不够自信和从容，很可能会影响客户对销售人员和公司产品的印象。

因此，对主管来说，对销售人员进行培训的时候，安排的培训内容一定要具有实战性。让销售人员迅速掌握销售技巧，在遇到问题时，可以轻松解决，提高销售效率，为团队创造更多业绩。

出色的实战培训，能够让销售人员快速抓住客户的心理，让没有经验可言的新手，快速进入工作状态。

那什么样的培训才真正算得上实战培训呢？我们先来看几个案例。

案例一

当顾客来到销售店铺，销售人员微笑着对顾客说:“您好，有什么可以帮助您的？”顾客没有正眼看销售人员，而是冷冷地说了句:“我随便看看。”这时，作为销售人员，应该怎样处理呢？很多销售人员都会说:“那好的，您先看，有什么需要随时叫我。”这样说，就有很大概率会失去顾客。

那该如何回复呢？要先顺着顾客的意思来，让他们感到放松，那样就不会对销售人员推荐的产品觉得反感，而后再进行侧面引导。比如销售人员可以说:“没关系，买东西是要多看看，现在这几款都在做活动，您可以看看，方便的话我给您介绍下。”这样，就能在不打扰顾客自主浏览商品的同时，适时进行推销。

案例二

顾客对销售人员的介绍很感兴趣，听得津津有味，但迟迟不决定购买。遇到这种情况，许多销售人员会选择放弃。顾客就是不买，销售人员往往也是无可奈何，最后客气地寒暄一番就放顾客离开了。

这样做是非常可惜的。顾客一直无法做购买决定，一定是还有什么顾虑，遇到这种情况，最好通过询问式提问来引导顾客，比如可以说:“是价格太高了吗？我可以给您推荐其他款式。”这样引导顾客说出真正原因，而后再进行相应的解释和说明，来打消顾客的顾虑，促成交易。

案例三

当客户说:“我都没有听说过这个品牌，不会是假冒伪劣的产品吧？”很多销售人员听到这样的话后，会表现得相当慌张，赶忙进行解释说:“保证是正品，您可以放心用，没问题的。”客户听到这样的回答后，很自然地就会想：这肯定是强行解释，产品一定是有问题的。

遇到这种情况，销售人员应该把问题的重点转移到产品上面，比如可以说："我们这个品牌已经好多年了，实力也是很强的。就拿这件产品来说吧，其中的这个成分，跟同行相比就有很多优势。"这样通过专业知识和客观事实来消除客户对品牌的不信任感，显然比空洞地自夸更有说服力。

上面几个案例都是日常销售活动中经常遇到的情况，针对这些场景进行实战性培训就非常有必要了。通过讲解该怎样合理地处理，以及讲述那些因为不恰当的处理方式可能造成的后果，销售人员就会学到很多知识。在实践中，如果遇到类似于案例中的情况，销售人员就能从容应对。实战性培训，具备在短时间内让销售人员快速成长的神奇魔力。

03

目标管理，攻坚克难，引爆团队潜能

销售主管作为销售团队的带头人，想要制定一个可行的目标，就要先了解团队成员，观察他们日常的销售业绩、努力程度、认真程度、工作态度等表现，来对他们进行综合评估，把握好每一个销售人员的能力，给他们制定稍微超出能力范围的目标，来激励他们努力上进。

团队整体目标的重点在于是否可行

俗话说“可望而不可即”，意思是能远远看见却不能接近。销售主管在为团队制定销售目标时，往往就会犯“可望而不可即”的错误，目标太大，结果导致大家远远看着那个目标，却一直不能实现，这不仅仅会影响下属的心情，还会让主管的决策能力遭到质疑，既打击团队的士气，又影响自身的领导权威。真正好的目标，是“可望又可即”的，适合团队发展和进步的，并且可操作性很强的。

2003年，河南商丘的一家家具制造公司，在经历了5年发展后，终于取得了商丘家具市场龙头的地位，公司获得了大量利润。不满足于商丘这个小小的市场，公司决定向整个河南市场发展。于是销售主管制定了宏大的销售计划，在未来3年内，要做到整个河南市场占有率第一。计划确定后，销售主管将每一名销售人员的销售计划也都明确下来。

当各个销售人员得知自己的个人销售计划时，他们都难以置信，这根本就是不可能完成的任务。许多被分配到河南其他地区的销售人员，在销售的过程中，都发现本地家具市场都有绝对控制权的竞争企业，公司的产品在人家的地盘根本卖不动。

结果，被分配到河南其他地区的销售人员都没有完成销售任务，公司还付出了巨额的前期推广费用，损失惨重。

销售主管有雄心，想通过业绩来展现自己的能力，这本身是没有错的。错就错在没有准确做好市场定位，没有了解到企业自身的实力和团队的能力。结果制定出来的目标，显然是超出能力范围的，是根本不可能实现的。

主管制定出具有可行性的目标，对下属来说是好事。下属知道这个可行性的目标能够达到，心里就有底，能够充分调动他们的积极性，在销售工作中更加认真和卖力，期望达到销售目标。

当可行性的目标达到了、完成了。下属看到自己的努力得到了回报，自然心里非常的舒服，通过自己的努力能力提升了。那么下属对于制定这个目标的领导，当然会更加看好，更加拥护了。

2008年，某宠物用品公司决定在淘宝上开网店，任命许佳为店铺销售主管，负责店铺销售计划制定和具体活动策划。在进行了宠物行业的发展调查后，她又了解了销售人员的业绩，评估了他们的能力，而后制定出第一年1000万元的销售额目标。销售人员看到后觉得目标太大，没办法实现。许佳就说：“据我了解，首先，宠物市场规模较大的商家很少，我们的竞争并不会太激烈；其次，根据最近几年宠物行业的调查报告显示，市场规模正在快速扩大；第三，大家的能力我也清楚，给大家分配的任务，你们都能完成的。所以我说这个目标是可行的，是能够完成的，大家要相信市场，相信自己。”

会后，大家觉得许佳分析的有理，也都充满了信心，积极地去销售，制定自己不同时间的阶段目标。年底，通过大家的努力，那个看似不可能完成的销售目标最终实现了。

对主管来说，什么样的目标才是可行的目标呢？

古语云说：“知己知彼，百战百胜。”要想取得成功，就要先了解自己，了解对手，了解市场，只有对自己有足够充分的了解，才能制定出正确、可行的目标。

销售主管作为销售团队的带头人，想要制定一个可行的目标，就要先了解团队成员，观察他们日常的销售业绩、努力程度、认真程度、工作态度等表现，来对他们进行综合评估，把握好每一个销售人员的能力，给他们制定稍微超出能力范围的目标，来激励他们努力上进。

除了评估团队成员的能力，市场发展状况分析也十分重要，可以说市场发展状况是制定可行性目标的决定性因素。销售面对的是市场，没有市场需求，销售也就无法进行。市场需求总量是销售员所能达到的最高目标，在这个范围之内，根据公司的市场占有率和市场发展潜力，制定出来的目标才具有可行性，否则目标就是空想或妄想，是不切实际的。

那主管该如何快速而准确地了解市场需求总量呢？方法很多，常用方法比如请专业的咨询师进行咨询；通过了解本公司近几年来的销售数据，分析并合理预测；通过网络大数据获取相关数据进行分析等。

综合考虑团队能力和市场需求，就能制定出一个具有可行性的目标，让团队良好地运作起来，发挥出潜在的势能。

目标越清晰，团队的战斗力越强

哈佛大学曾经做过这样一个实验，他们找来了一群能力、智力、外部环境条件基本相同的人，通过调查和统计，发现有 27% 的人没有目标，60% 的人有目标但很模糊，10% 的人有短期的清晰目标，只有 3% 的人有长期并且清晰的目标。25 年以后，实验者对当初的这群人再次进行调查统计，发现当初有长期、明确目标的那 3% 的人，都成了各行各业的成功人士。

可见，一个清晰的、长期的目标对个人发展有多么重要。团队是由众多个人组成的，所以团队有一个清晰、长期的目标也同样重要。

叶倩担任某绿植批发公司河北省销售主管，在过去的三年时间里，销售额逐年增长。刚过完年，她就开始制定今年的销售目标。几天后，她召开会议，在会议上她对自己的销售团队说："今年我们团队的目标是将去年的业绩提高，完成河北市场占有率 20%。"会议结束后，销售团队中的销售员互相询问，这个目标到底是什么，市场占有率 20% 是多少？疑虑重重，没人能回答。

在接下来的工作中，销售人员还是按照以前的工作状态来工作，结果到了年底，销售额跟上一年相比的基本没多大提高。

主管制定一个不清晰的目标，会严重误导下属，导致他们根本不知道自己要达到什么目标，不知道应该怎么去做，怎么去努力。不清晰的目标就相当于没有目标。一个清晰的目标，会让下属明白自己所要做的是什么，在达成目标的工作压力下，大家会渐渐紧张并团结起来，发挥所能，激发潜力，为共同的目标而奋斗，互相帮助，增加团队的战斗力，让团队越来越强。

孙岩担任天津一家画笔生产公司的销售主管，公司的销售业绩一直下降。

对此，领导着急，孙岩压力也很大，领导让他在上半年结束时，实现10%的增长。孙岩紧急研究方案，在经过市场调研和销售数据分析以后，制定了清晰的目标。每个销售人员每个月都有具体的销售金额，并且团队也有共同完成的销售总金额。

在接下来的一个月内，每个销售员抓紧每一分钟去努力实现自己的销售额。在完成了自己的销售目标以后，和其他销售人员合作起来，共同研究销售方案，把大家共有的那一部分销售额完成。在这样的环境中，每一个人都充满了力量。结果，在上半年结束后，不但完成了预定目标，甚至还超出了2%。

这就是清晰目标的魅力，团队中每个人的任务量都是明确的，不是虚化的比重，而是实在的数额。这样，所有成员都非常清楚自身的工作量是多少，每个月完成了多少，还差多少达标，工作的动力和规划自然也就更明确了。

那么，主管该怎样制定一个清晰的目标呢？

第一，先确立一个大目标，再制定一个个小目标，这是制定一个清晰目标的基础。

王健林在一次采访中曾说："现在的年轻人，过于浮躁，别人问他有什么目标，直接就说我想成为首富。应该先定一个小目标，比如说先挣一个亿。"这段话成了网络上被大家调侃的话，但也说明一个道理：大目标是不清晰的，是不能在短期内实现的，可以先定一个小目标，实现一个一个小目标，那大目标就会越来越接近。销售主管可以先制定一个大目标，比如实现行业的销售额第一。但与大目标配套的是一定要有小目标，每年、每个季度、每个月甚至每一周的业务量是多少，都可以做一个明确的规划，制定一个个清晰的小目标。这样，完成的小目标积累下来，实现大目标还会远吗？

第二，一定要制定需要团队共同完成的目标。

每个人的能力都是有限的，开发到一定的程度后，就会遇到瓶颈，很难再有明显提升。但一个团队的能力理论上是没有上限的，只要激励得当，就能不断提高。

因此，一个清晰的目标，一定要包括需要团队共同完成的目标，这样才能将目标与团队联系起来，相互协作、相互帮助、激发团队力量，而不是简单地将大目标分散成小目标分摊给各个团队成员，谁完成了就万事大吉，对其他事不闻不问。

下属为何不肯接受有难度的目标挑战

下属心中想的都是完成主管安排的任务，然后得到主管的夸奖。一遇到比较有难度、有挑战性的目标，就不愿意接受。害怕接受了，万一完不成，不但不能得到表扬，还可能会受到批评甚至被辞退。这是很多公司都会遇到的问题。

某科技公司主要做路由器的生产和销售，宋果担任销售主管。公司新来了一批销售人员，经过近两个月的培训，开始进行独立销售工作。一个月后，一位叫洪信的销售员，不但超额完成了安排的销售任务，并且得到了客户的一致好评。这引起了宋果的注意，他觉得这是一个可造之才，决定重点培养。

他想来想去，决定用对洪信来说有难度的目标挑战他，让其发挥出自己的潜力，快速成长为销售精英。宋果把洪信叫到办公室说："你的表现很好，下个月你要完成比这个月多50%的销售额，有信心完成这个目标吗？"洪信一听，非常犹豫地说："主管，我恐怕完不成，现在我才刚开始销售，好多东西都还没学会呢？"经过很长时间劝说，宋果还是没有说服洪信。最后，也只能作罢。

对主管来说，发现有能力的下属，有意采取行动来培养他们，制定有难度的目标，想让下属逼自己一把，把自己潜在的实力激发出来。这种做法是对的，也是值得鼓励的。关键是下属一般都不愿意接受挑战，认为自己做不到，而主管不能强迫他们完成，也很难说服他们去执行。

人有畏难情绪是正常的，也是可以理解的。不过具体是什么原因导致了下属不愿意去接受挑战呢？主要有以下几点。

第一，不够自信。

虽然下属有能力，能够在工作中脱颖而出，但内心深处其实还是不够相信自己，怀疑自己的能力。造成这种想法的原因很多，可能是因为曾经受过打击，或许有很多失败的经历，觉得自己业务能力还不够熟练等。

在这种情况下，主管应该帮助他们建立自信，可以对下属讲一下自己成功的案例，或者用自我暗示的方法告诉下属，凡事只有通过不断接受挑战，才能有更快速的提高。总是一成不变地做事，进步是非常有限的。除了分享成功的经验，还可以通过表现出欣赏的眼光，来鼓励他们，多说一些赞许的话，对人建立自信是很有帮助的。

第二，不愿承担责任，害怕失败后被处罚。

主管是不会随便提出那些有难度的目标的，主管提出的看似具有挑战性的任务，绝大部分是会考虑下属的能力的，定下的任务也是有很大可能性能完成的。但是，下属不免担心失败的后果。一旦完不成任务，不但影响自己在团队中的名声，还有受处罚的风险。这样的结果是每个团队成员都不想看到的，所以不如不接受这个挑战性任务，还是继续以前那样工作更稳妥。

遇到这种情况，主管应该给员工明确责任的重要性，并说明公司的惩罚措施，都是针对那些不好好工作的人，不可能处罚上进的人。能把有难度的目标交给某个成员，是主管和团队对你的信任和器重，也是个人的一次职位晋升和能力提升的机会。打消员工的后顾之忧，才能促使他们放下包袱，全力以赴。

第三，奖励不能让下属满意。

俗话说："重赏之下，必有勇夫。"在巨大的利益面前，人往往能迸发出惊人的潜力和能量。相反，如果得不到应有的奖励，还要承担比他人难度更大的任务，一般是很少有人会去为之奋斗的。这就是为什么对有能力的下属提出有难度的目标后，下属不会答应的重要原因之一。

这种情况，作为主管，应该在合理的范围之内，给那些具有挑战性的事情设定适当的物质奖励。

第四，下属的虚荣心没有得到满足。

“三顾茅庐”的故事家喻户晓，刘备为了得到真正的人才，礼贤下士，传为美谈。这虽然说是诸葛亮考察刘备的诚心和毅力，但其中不免也会有些小心思，毕竟名声在外，也少不了是为了满足自己的虚荣心，让大家都看看，请自己出山不是那么容易的。

团队中也会有抱有这种心理的下属，特别是那些能力突出的下属，主管既然想让他们承担更多责任，肩负更艰巨的任务，除了必要的物质奖励，精神需求也不容忽视。这其中，很重要的一点就是要满足他们的虚荣心。比如对他们工作成绩的肯定、当众表扬、对生活的嘘寒问暖等，表现出主管的关切，让他们感受到自己的特别和被重视，自然虚荣心也会得到满足，他们就会更加努力地为实现那些有难度的目标而奋斗。

想要让团队不断突破极限，更好地发展下去，就要完成一些有难度的任务，实现一些具有挑战性的目标，这是一个有抱负的企业的必经之路。作为主管，要有意识地发现团队中的人才，然后激励他们，信任他们，让他们为了自己和团队的业绩提升，来帮你完成一个又一个的挑战。

学会帮助团队成员确定个人的目标

团队建设就是通过一系列的措施，来将团队中每一个人的思想统一，整合团队资源，凝聚力量，来完成共同目标。在一个团队中，人仍然是团队建设的第一要素，如何调动他们的积极性，是团队建设的核心工作。作为主管，为每一个人制定个人目标是很有必要的。个人目标堪称工作奋斗的原动力。

李露是一家公司的销售主管，为了发挥出团队的力量，她每次定目标的时候，总是习惯定一个团队的目标，让整个团队合作，来一起完成。在这种情况的影响下，团队成员孙贺觉得自己没必要那么努力，反正有那几个销售精英在，每个月的任务都能完成。自己只要做做样子就行了，到时候拿的是团队的奖金，反正都一样，干吗还那么拼啊。

案例清晰地展示了不制定个人目标的弊病，导致团队吃大锅饭，有些人在团队里滥竽充数。时间长了，团队就会渐渐失去了应有的斗志和活力，必然是能力强的觉得不公平，纷纷主动离开，最后留下一群混日子的。

姜明是某商贸公司的销售主管，当他接手销售主管职位时，公司销售业绩已经是连续3个月下跌。于是，他决定改革销售制度，把以前的团队销售模式改为“团队+个人”的销售模式。具体就是设置个人奖励制度和团队奖励制度，主管先设置一个销售总目标，然后把总目标的80%，按照每位下属的能力进行合理分配，制定个人销售目标，然后剩余的20%集体完成。下属完成个人的销售目标后有奖金，团队完成团队的目标也有奖金。

这个制度执行以后，销售人员的精神状态大有改观，变得异常积极，之前团队销售模式时那种懈怠和懒散的氛围一扫而空，很快公司的销售业绩就出现了增长。

可见，在一个团队中，个人目标和团队目标是有区别的，他们一样重要。主管应该帮助下属确定个人目标。那么，具体应该怎么确定呢？

第一，了解团队成员的能力，在合理的范围之内，帮他们确定一个明确的目标。

好高骛远，制定不符合实际的目标，这样做毫无意义。了解团队成员的能力，可以通过平时的表现和业绩，以及面对工作时的精神面貌来观察。然后，在他们的平均业绩基础上提升一定的销售量，让他感受到一定的压力，有压力才会有动力。最重要的是目标要明确，比如：月销售额20万。不具体的话，容易让下属模棱两可、蒙混过关，给考核带来麻烦。

第二，要为完成目标制定一个期限。

每一个目标都要有一定的完成期限，否则就会为无法完成任务的人留下推脱的借口。为团队成员确立的目标还应包括长期和短期的，设置一个长期的目标，如提高在销售团队中的排名，时间是一年；设置一个短期的目标，如销售额完成多少，时间是三个月。

第三，制定合理的个人赏罚制度。

工作是为了更好的生活，每个人都有追求，都想成功。因此，作为主管，应该清楚团队成员的这种想法。在为他们确定目标时，为个人设置奖励是必需的，这才是最直接、最有效的激励，促使他们早日完成目标。

另外，还要有鞭策，这就是惩罚措施。适当的惩罚可以预防团队成员退却，激发他们的斗志，让他们清楚只有成功才能够得到奖赏和名誉，失败将付出代价。所谓“置之死地而后生”，不逼下属一把，怎么让他们成功？

销售团队目标分解的学问

为销售团队指明方向的是团队的目标，定好了目标，销售人员就明了自己要做什么。但这只是指明了方向，并没有具体的行动路线，对整个团队来说，依然会有些不知所措。这就需要销售团队将制定的目标进行分解，分解为一个个的小目标，一步步的行动计划。

那该怎样将目标进行分解呢？这里面的学问很多。

第一，我们来看目标的分解程序。

销售团队的目标应该是从上往下分解还是从下往上分解呢？我们先来看一个案例。

杨来是一家文具生产公司的销售主管，主管钢笔的销售。最近几个月来，公司的整体销售业绩下降，公司决定将业绩不好的几个销售部门合并。于是，在一次会议上，公司领导让销售部门的几个主管制定下一年的销售计划报告。过了几天，销售部门的几个主管都分别上交了报告。对比几个团队的销售报告，销售业绩制定最低的就是杨来这个团队。

领导问杨来："你是怎么制定这份销售业绩计划报告的？"杨来说："我是根据自己团队中的每个人的业绩计划，然后加到一起，最后形成总的业绩。"领导终于明白了为什么这个团队的业绩始终上不去的原因了。

没过多久，杨来的销售团队就和别的销售团队合并，杨来也不再担任销售主管这个职位。

在一个销售团队中，每一个销售人员为自己制定的销售计划，都是根据自己以前的销售业绩来制定的。完成这些业绩对他们来说压力很小，主管简单地把每一位销售人员制定的业绩相加制定出来的销售目标，没有挑战性，也不会激发团队的潜力。

由此，我们可以得出结论：在进行目标分解时，一定要从上至下。至于分解方法，销售员工目标的加和要大于总目标。

假设一个销售团队的销售目标是500万，这个团队有四个成员。第一个成员销售成绩很好且能力特别的强，那么就给他分200万；第二个成员销售成绩还好，就给他分150万；第三个销售能力一般，就给他分100万；最后一个销售能力还很差，就给他80万。这样加起来就是530万，大于总目标，万一其中某个成员出了差错的话，还能保证完成团队目标，这样制定出来的总目标和分解目标就相对合理。

作为主管，千万不要把成员的目标定得跟他们的能力相近，一定要高于他们现阶段的能力，这样才能逼他们进步。

第二，制定目标分解责任书。

对销售团队来说，制定目标并不是为了喊口号，而是要实实在在地去做。销售行业是非常重视结果的，因此，赏罚分明的制度是必需的。团队的成员在接受目标后，有必要签一个责任书，完不成就要接受惩罚，而且要坚决兑现执行，促使团队成员完成目标。

目标责任书应该包括需要达成的目标、完成目标的期限、完成目标过程中使用的方法、奖赏惩罚的内容等。

第三，控制关键点。

我们拿一个月来说，在月初的时候，很多销售人员都没有目标，都想反正时间还早着呢，月中努努力就行了。到月中时，又开始想月末冲一冲就行了。到了月末，反正时间不够用了，再努力也没有用了，等下个月吧。

因此，作为主管，要起到督促的作用：在月初的时候，让销售人员制定出这个月的计划，并开始着手去做。到了月中的时候，进行业绩考核，没有完成的提出批评，适当处罚。到月末，鼓励大家冲刺，力争完成月目标。

合理调用你的资源，帮员工达成目标

团队是一个整体，需要每个人发挥自己的优势去弥补别人的不足，互相帮助，实现目标。作为团队的领头人，更应该起到表率的作用，为团队做一个榜样。相对于团队中的其他人，主管拥有更多资源，要用好这些资源，随时调出帮员工解决问题，达到目标。

王华是一家水产养殖公司销售部主管，最近，公司养殖的一批鱼就要上市了。销售部门开会，将任务分配给团队中的每一个人。

销售员小斌接到任务后，很快就行动起来，他联系到了一个大客户，是一个大型超市的老板，可是自己的销售技巧不行，导致超市的老板没有第一时间同意。

通过打听消息，小斌知道这个老板跟主管王华一个很要好的朋友关系很好，只要请这个朋友出面，说服超市老板的机会很大。他很快就把这个消息告诉了王华，想让王华出面请他的朋友出面帮忙。但王华当面拒绝了他，说："你不锻炼你自己的能力，总是靠别人，怎么能成长呢？"

小斌很气愤，他想主管平时就很少指导自己，竟然还这样训教自己，越想越生气，直接写了一份辞职申请就离开了公司。

在销售这个行业中，最重要的就是客户，只有满足了客户的需求，才能销售成功。但很多客户的要求对销售人员来说是很难办到的。毕竟销售人员的资源远远少于主管的资源，而作为主管，当下属因为资源不够，不能完成销售任务时，主管应该调动自己的资源，帮助下属，这样才能顺利完成销售目标。

在遇到困难的时候，员工第一会想到的就会是找主管帮忙。即使平时很努力，在遇到一些困难时也会需要主管出面帮忙，这时主管如果没有什么不便，千万不要吝啬。

团队是一个整体，互相帮助是团体能够提高的根基。作为主管，调用自己的资源，帮助下属渡过难关，取得销售业绩，能有效增强团队的向心力和凝聚力。如果主管不帮助员工，看到他们遇到困难，不调动自己的资源去帮助员工，很可能会导致失去客户，而且员工因为无助而也会心情沮丧，甚至埋怨主管，对团队失去依赖感和信任感。久而久之，员工就会离开团队，团队的业绩下滑也在所难免。

主管应该怎样调动资源帮助员工呢?

第一，调动主管敏锐观察力资源，发现团队成员被忽视的特长。

很多员工都会有疑惑，自己为什么处处都比别人差，形成自卑的心理。这时主管应该调动自己的观察力资源，找到员工所独有的特长，然后让他充分地发挥这个特长，来实现自己的价值。比如：通过观察发现，员工特别能聊天，这就可以让员工跟着领导，去见客户，跟客户聊天，增进感情。

第二，调动主管私人经验资源，帮助成员提高销售能力。

主管在跟众多客户交流中，积累了大量的销售知识和技巧，这些知识和技巧可以让员工进行学习。相比于那些资料，这些比较实用，能够提高员工的销售能力。

第三，调动主管人际交往资源，帮助成员建立更加庞大的“朋友圈”。

主管带领员工接触自己的人际交往资源，员工借此认识更多的人。在商界，人就是最大的资源，充满无数商机。“朋友圈”越大，销售的机会越多，谈成合作的机会越大，促成签单的概率越高，可以为销售业绩的提升提供重要的保障。

总的来说，销售主管不要将自己的资源“藏”起来，要利用好这些资源，帮助员工提高，增进团队力量，共同实现销售目标。

不要设定没有截止期限的目标

制定目标一旦没有时间限制，就会造成严重拖延，今天推明天，明天推后天。要相信在同等情况下，没有员工愿意逼迫自己去完成那些目标。没有截止日期的目标，就跟没有目标一样，给的时间越长，员工的办事效率就越低，实现目标的速度就会越慢。每个人都心知肚明，没有期限，定目标只不过是给予员工和主管心理安慰。

某汽车销售4S店销售主管谢杰，在拿到上半年销售数据统计表后，他发现除了一月的销售额超过竞争对手，其他月份都落后于竞争对手，并且有被竞争对手越甩越远的趋势。

谢杰立刻召开销售会议，他对销售团队说："要想战胜我们的对手，在接下来的时间内销售额要超过他们，并且要拉开距离。"在激情满满的会议后，销售人员马上行动起来，积极投入到销售工作中。但没过几天，马上就懈怠下来。两个月过后，销售额依然没什么起色，反而被竞争对手甩得更远了。

没有一个明确的目标截止时间，销售团队就不会紧张起来，抓紧完成目标。即使是刚开始激情满满，但是没有时间的紧迫感，依然会在一段时间后，松懈下来。这样的团队状态，根本就不可能完成主管设置的目标。

一些团队会出现这样的情况，主管心急火燎，整日忙得不可开交，而手下的销售人员却气定神闲，跟没事人一样，整个团队都没有紧迫感。造成这种情况的重要原因，就是因为没有目标的截止时间。

缺少这个限制，员工就没有在规定的时间内完成任务的紧张和压力。

因此，作为主管，有必要为目标设置一个截止期限。

某酱油品牌经过多年发展，在市场上已经初具规模。在进入武汉市场的过程中，武汉地区销售主管王涛制定了一个大目标，要将销售额在一年的时间内翻一翻。当销售部的下属们听到这个目标时，都吓了一跳，不敢相信怎么能做到呢？

随后，王涛就给每一个销售小组下达了各自的目标。在巨大的销售压力下，团队中的每个销售员都制定了自己的目标，一分钟都没有松懈，全身心地投入到销售工作中去。团队成员还结成互助小组，优势互补，信息共享。最终，团队实现了这个看似不可能完成的销售目标。

可见，在一定的范围之内，销售人员是能够突破自己的极限的。实现那些看似不可能实现的目标，这就是设置目标截止时间的好处和作用。设置好期限，就会给每一个销售人员造成压力，这种压力会促使他们团结在一起，发挥出团队优势，共同进步，完成最终的目标。

设置截止时间时，主管要评估自己团队的实力，具体可遵循以下几点：

第一，判断事情的轻重缓急。

紧急的事情，目标的截止时间定得短一些，而那些可以稍微缓一缓的目标，截止时间就适当长一些。重要的是一定要准确掌握销售团队的能力，并进行合理地评估、预测。

第二，公布目标的截止时间。

一旦确定了截止时间，就要第一时间公布，并将其公示出来。比如发到每一位销售人员的手机上，或者是用一个公告板，写在上面。这样让大家就能时时刻刻看到，激励他们时刻不能放松。

第三，定期检查完成的进度。

定期检查目标完成的进度，也是督促员工快速完成任务的方法，还能根据具体情况做相应调整。

第四，对员工进行指导和资源分配。

在完成目标的过程中，根据下属的具体表现，主管对那些不能完成目标的员工进行指导，遇到客户后，按客户的重要程度，派出那些业绩垫底的销售人员去接触，多锻炼一下他们的能力。当然，这种“复活”福利需要送给那些有上进心但因经验不足暂时没有能力完成销售任务的人，而不要在那些在团队中混饭吃的人身上浪费时间。

制定出目标的截止日期，让团队中的每个人都感受到压力，进而充分调动自己的积极性和发挥团队优势，爆发出个人和团队的力量，让团队得以更好地发展。

04

如何说，才能激发下属的工作热情

作为团队主管，平时不要吝啬你的表扬，对那些表现不错的团队成员适时给予物质奖励或精神鼓励，增强他们的自信心，同时也让成员对主管和团队更加认同和依赖。

为何销售人员更需要激励

销售是一个压力很大的工作，即使是那些心态非常好、积极向上的销售人员，在长期高压的工作环境中，也会渐渐失去激情。这就需要销售主管不时给予团队成员激励，让他们不至于被压力和困难打倒，可以更有动力去工作。

销售团队成员在完成主管制定的销售目标过程中，会遇到很多挫折和困难。困难和挫折会逐渐消磨掉销售人员的活力和激情，工作效率会大大降低。这个时候，需要外界的激励才能让他们重新迸发激情，而这种激励就是来自团队主管。

如果团队主管不能及时给予成员激励，销售团队成员在困难和挫折的打击之下，很容易消沉和懈怠，斗志下降，那样销售目标也就没办法完成了。消极的情绪会在团队内部蔓延，一旦团队中的一部分人被这种消极情绪影响，整个团队都会被波及。

因此，销售主管需要细心观察，当意识到团队里面出现消极情绪时，就要抓紧时间，立即采取行动，激励团队成员，第一时间扼杀消极情绪，不让团队成员受消极情绪的影响。保证团队成员能够时刻保持积极向上的激情，提高效率，不断突破。这是销售主管的重要职责，也是实现团队销售业绩增长的重要因素。

那销售主管应该如何激励团队成员呢？

第一，多说赞美的话。

赞美可以让人感觉到快乐、高兴、自豪和满足。真诚地赞美对方是不会被拒绝的，也不会被抱怨的。人的本能是渴望得到精神满足，而赞美的话对谁来说都是受用的。赞美也能让人感受到尊重和价值，如果是发自心底的赞美，那很多人都会对这个赞美产生好感，如果主管的赞美直击成员的内心，员工甚至会出现“士为知己者死”的情绪，甘愿为团队努力奋斗。

宋相科担任某塑料制品有限公司的销售主管。上任之后，他带领销售团队取得了很好的业绩，因此非常受上级领导和团队成员的尊重，同时他也非常尊重团队中的每一个成员。

销售团队刚来了一位新成员，销售业绩平平，但非常有上进心，表现积极，早早地来，晚晚地走，还主动加班。不过，他的销售业绩却没有什么长进。过了一段时间后，他的积极程度开始下降了。而这一切都被宋相科看在眼里，当他销售业绩一有提升，宋相科就说一些赞美的话，还在团队会议上公开赞美他。

很快，那位员工销售业绩就有了明显提高。一次在销售大会上，宋相科点名表扬了他，并且请他上台讲一下自己的经验。上台后，他说:“感谢主管，是他那诚心的赞美，让我心里非常感动，看到自己的销售业绩这么差心里很不是滋味，这就是我拼命也要获得成功的原因。”

有时候一句赞美的话，就能拯救一个人，让濒临崩溃的心瞬间焕发新生。销售主管管理团队，最重要的就是凝聚人心。因此，不要吝啬自己的言语，多说一些赞美团队成员的话，激励他们持续奋斗，提高自我。

第二，多说鼓励的话。

潜意识的力量是很大的。有研究发现，在考试的时候，经常在心里自我暗示“我能考好”的人，比那些没做心理暗示的人考出来的成绩更高。这就是潜意识的作用，通过潜意识告诉自己能够做好某件事情，自信心就会增长，在这种自信心的影响下，往往能够发挥出更大的潜力。

很多销售团队成员自己并不会对自己说这样的话，因此，主管就要起到这样的作用，经常对团队成员说一些诸如你能行、加油，你能办得到的、这个目标很好实现之类的鼓励的话，来帮助团队成员强化自己的潜意识，帮助他们增强自信心。

第三，多说奖励团队的话。

奖励永远是鼓励人最直接、最有效的办法。所谓“重赏之下，必有勇夫”，当销售团队士气变得比较失落的时候，主管应该说一些奖励团队的话，比如可以说：“大家加油，完成这个销售任务，我带大家吃大餐。”这样的话，能够激励团队成员，让他们重新爆发出活力，努力去完成目标，以赢得奖励。看得见、摸得着的奖励，才是最能激发个人斗志的。

总之，销售团队的士气是很容易受到外界环境的影响的，因此，销售主管要时刻观察团队的士气。及时注意团队士气是否受到影响，一旦发现，就及时采取措施，激励团队成员摆脱不良情绪的干扰，保证销售团队的氛围和谐、健康。

好的销售领导都是会讲故事的人

故事是最吸引人的讲述方式，一个好的销售领导，都是会讲故事的人。把故事讲好，感染下属的情绪，更好地带领下属实现销售目标。教会下属向客户讲故事，让下属说服客户，赢得客户的心，提升业绩。

一家奶粉生产厂的销售主管李弥，最近发现销售团队中的成员孙新德销售业绩连续几个月了都没什么长进。于是，他把孙新德叫到办公室问:“你已经转正这么长时间了，怎么业绩还是这样不理想呢？”孙说:“李主管，我按照培训时的方法，每次跟客户交流都会详细介绍产品，但是好多客户一听到我介绍产品就走了。”李主管:“你这个问题，也是很多人都会犯的一个毛病，这就是不会变通，有的客户是喜欢直截了当，不喜欢拐弯抹角。但有很多客户都是喜欢同人聊天的，你不妨先跟他们聊点别的，等他们表现出对你的好感还后再聊产品。”孙新德恍然大悟，走出了办公室。

他又重新燃起了斗志。这天，他去见客户，开始讲产品的优点，而客户听了一会儿就觉得不耐烦了。于是，他说:“你不要着急，再给我三分钟，我给你讲个故事，然后就离开。”接着他讲道:“我的孩子刚满一岁，我知道我的妻子很爱我的孩子，所以坚持一直喂孩子吃母乳。可是我却看不下去了，看到妻子越来越清瘦，看着她整天睡不了整觉而疲惫不堪，我很伤心。因此我决定让孩子断奶，选择喂奶粉。都说奶粉不如母乳，但我的孩子现在很健康。”

听到这里，客户心理特别不是滋味，想到自己没有为妻子考虑，于是他决定购买奶粉。通过这种方法，孙新德说服了不少客户，业绩迅速提升。

如果销售人员不会讲故事，面对客户时，只会单纯地介绍产品，那客户很容易便会反感。没有更多的交流，再好的销售人员也不能把产品卖出去。讲好一个故事，就能让客户继续听销售人员说下去，如果故事能让客户感同身受，受到启发，产生共鸣，那么销售成功的机会就会大大增加。

很多时候，故事是为了配合销售而设计出来的。当然，设计出来的故事，感染力不如真实的故事。那么，讲好一个故事，需要哪些步骤呢？

第一，准确把握客户的购买心理。

客户的购买心理是销售人员需要突破的第一关，只有抓住客户的购买心理，才能突破其心理防线。先在简单的聊天过程中，了解客户对购买产品所关心的重点。比如：如果客户更关心的是产品的安全性，就多讲一些关于产品安全性的故事；如果客户更关心产品的性能，那就多讲一些参数及功能方面优势的故事。对症下药，非常关键。

第二，分析清楚目的。

对于不同的客户，销售的目的是不一样的。对于那些有价值的客户，比如能够长期使用的客户，销售人员不仅是要销售出去产品，还要确保售后服务，最好让客户认同公司的品牌和价值观。这样客户对公司会有更深入的了解，会更有信任度和忠诚度。而对于那些短期使用的客户，重点是要将产品卖给他们，至于售后服务、经营理念之类相对较为长远的事情，就显得次要了。

第三，开始着手编辑故事。

抓住了客户的购买心理并分析清楚销售目的后，就要开始编辑故事了。在编辑故事的过程中，可以参考当今的互联网广告、软文广告、电视广告等，适度借鉴或灵活套用，但切忌直接挪用、抄袭。参考的是套路，内容上还是要自己多下功夫。

第四，听客户讲故事。

客户在讲故事的时候，会透露出他的价值观。销售人员的目的就是把自己的产品销售出去，不是自己表演。抓住客户的价值观，没有比听客户讲故事时透露出的信息更多了。

第五，在设计中要考虑两个重要问题。

一是故事讲给谁听，答案当然是客户。讲故事切忌自说自话、自卖自夸，要符合客户的风格。在交谈中，你会发现客户最容易接受的风格是什么，把这种风格融入你的故事中去。二是故事中要有客户。要带动客户的感性认识，将客户代入故事情境，让他们深刻感受到故事中的人就是自己，这样你就可以轻松的输出你的价值观了。

第六，要多练习。

好的故事是说出来的，而不是想出来的。所以，要不断地练习，无论是跟同事聊天，还是在跟客户交流中，要大胆说出来。不要怕出错，不断学习，在学习中不断提高自己讲故事的水平。

总的来说，好的主管不但要学会讲故事，让团队更有竞争力，还要教会团队成员讲故事，让他们能更好地说服客户，增加销售业绩。

对业绩差的下属，先认可再找原因

作为销售主管，在遇到销售业绩很差的下属时，不能把下属“一棒子打死”，痛骂一顿，这对下属会造成恶劣影响，更不利于其改正和提高。所以，主管先别急着下结论，先认可其付出，然后再找原因，这样效果会更好。

作为销售主管的王宁，脾气有些暴躁。月末，团队成员小玲的心里非常不安，因为她没有完成主管安排的任务，并且业绩相当差。她了解主管的脾气，一顿严厉的批评是在所难免了。

果然，在月度销售总结大会上，王宁当着大家的面，严厉斥责小玲，骂得小玲都不敢抬起头。会议后，小玲每次见同事都是低着头，生怕看到别人嘲笑自己的神情。在接下来的销售中，小玲遇到什么问题都不愿意去请教别人，可自己面对客户却又非常不自信，导致销售业绩越来越差，每次开会都必定被骂。

最后，小玲实在是受不了了，主动提出了离职。

在面对业绩很差的成员时，作为领导，批评下属可以理解，但这样做却不是明智的选择。

业绩差是下属没有找到正确的方法，或是知识储备还不够多。越来越差的销售业绩，对下属自信心的打击已经很大了，如果再得不到其他人的安慰和鼓励，此时主管的批评，对下属来说就是灾难，甚至会直接摧毁下属残存的自信心。

面对业绩差的下属，给予适当的肯定和认可，会让他们获得一种安慰和归属感。本来心情很差，主管的认可就能冲淡一些他们的挫败感，甚至还会有一丝被认可的喜悦。这种心情很微妙，会让下属渐渐对主管产生一种亲切感，也能增加主管的领导威信。不时认可下属，就会提高他们的工作动力和责任心。

林全是某玻璃缸制造有限公司的销售主管，一向和善的他，从未对下属发脾气，总是想办法鼓励下属，让他们不断成长。

9月马上就要过去了，团队成员安然的销售业绩还是没有丝毫的突破，眼看就要开月末销售会议了，他心急如焚，拼命加班，但毕竟自己才刚做三个月，能力有限。开会的时候，任务没有完成，他做好了挨批评的准备。结果，主管并没有批评他，还对他的努力给予了肯定，当众说:“努力是很值得肯定的，就是要有这种时刻紧张的工作状态。我想安然一定是没有把握好销售技巧，回去多看看培训手册，也多跟同事请教。我相信，再过两个月，他的业绩就会有明显提高，凡事不要着急。”

安然听后，非常感动。他没有想到自己没有完成业绩，还得到了肯定，主管还帮他分析原因。他觉得不能辜负主管的信任，于是，他发奋学习，更加努力。结果，他终于实现了下个月的销售目标。

先肯定下属，对已经努力工作的下属是一种安慰，下属会从内心感受到来自主管的关心。然后再帮下属分析和寻找原因，下属就会发自内心地感激主管。那么，作为主管，应该从哪些方面分析下属失败的原因呢?

第一，知识储备是否充足。

下属对产品不熟悉，不能为客户介绍适合并且价格实惠的产品，导致客户质疑下属不够专业，从而对其不信任，而选择放弃购买。这种情况完全是由于下属自己的原因造成的，需要他们熟悉产品专业知识，认真对待每一个产品。

第二，礼仪是否得体。

销售作为一线业务员，出去见客户就代表着公司的形象。在礼仪上应该特别重视。不仅仅是着装，言谈举止都需要注意，这些公司可以组织特别的培训，由经验丰富的销售对那些礼仪知识匮乏的成员单独教授。

第三，个人情绪是否适当。

下属会因为一些自身的原因，比如家庭矛盾或者投资失败等，导致情绪波动，这时就会影响到他们对客户的态度，直接导致销售业绩下滑。控制情绪是职场人的基本素质，主管应了解其近期是否遭遇什么变故，可以放几天假让其处理私事，调整状态。

第四，客户是否易于接触。

有些客户确实是非常难缠的，他们会因为产品的各种小毛病，对销售人员百般刁难，最后导致销售人员无可奈何，只好选择放弃。这种情况，主管可以建议销售转变思路，比如转移话题，避开客户的刁钻问题，或是直击客户的痛点，或是直言产品的特点，单刀直入，能谈成自然最好，实在不行，也没必要过多纠缠，浪费太多时间和精力。

面对业绩比较差的下属，身为主管，不要只是大喊大叫，对他们发脾气，先肯定他们的优点，然后进行问题分析。这样不仅能更有效地解决问题，而且可以树立主管在团队成员心目中的权威，增强团队的凝聚力。

对“抗压能力差的人”要先扬后抑

每个销售人员都会承受来自业绩的压力。对于“抗压能力差的人”，销售主管不要上来就是一顿骂，这样只会给下属增加更大的压力。先表扬，后批评，然后找问题、提建议，这样下属更容易接受。

其实“抗压能力差的人”能力不一定很差，这些人只是容易受心理因素干扰，很多人能力还是扎实的。作为主管，应该对此有所觉察，不要做糊涂的事，直接批评下属。一个本身快要坠落悬崖的人，此时再推一把，会让他们彻底绝望，堕入深渊。

主管在这种情况下的处理方式，最好是“先扬后抑”，先肯定，再批评，然后找问题、想办法、提建议，这样效果更好，下属也更容易接受。

这其中，如何对下属进行批评，才能让下属不会误解主管的意思，让下属明白批评跟表扬一样，都是为了指出问题，希望能做得更好。可以从以下两个方面入手。

第一，建立完善的公司反馈制度。

通常管理一个团队，首先要形成一个积极、和谐的氛围，这样的团队才有包容性。在平时，让团队中的成员不要刻意地区分上下级，要以成功和正确为目标，有建议和意见尽管提，畅所欲言。无论是上级命令下级还是下级建议上级，都要认真对待。任何人都可以批评对方。

在这一制度的影响下，无论是下属还是领导，都不会因为受到批评而感到难堪，更不会因此而受打击。

心理学家理查德·哈克曼教授说过：为增强合作，让成员更加有效地提出意见，领导者所能做的最靠谱的事就是创造条件让团队成员能很好地自我管理，使工作效率提高。

第二，要让团队成员明白各自的责任。

在一个团队中，每个成员都应该担负起各自的责任，明白自己应该做什么。只有职责明确，才能在面对压力时从容不迫。

王敏是某公司销售主管，李华是团队的一员。在一次分配销售任务时，李华分到了超出自己以前80%的任务量，她就开始抱怨自己压力大。她很生气地走进了主管王敏的办公室，质问说："你为什么把我的销售任务定这么高？"王敏什么话都没说，直接把任务分配计划拿给她看。当李华看过以后，她明白原来自己的销售额只是很少的一部分，大多数人都比自己的销售额高。于是，她明白自己的压力并不是最重的，自己应该承担起自己的责任，自此她再没有抱怨压力太大。

一味强调自己的压力大，说到底就是不想承担责任。团队是一个整体，如果团队成员都不想承担责任，那责任该由谁来承担？

及时肯定下属们的成绩

对于销售主管来说，知道下属取得了成绩要及时肯定，这样才能让下属得到鼓励。

孙强是某皮鞋制造厂的销售主管，平时他跟销售团队的每一位成员关系都很好，每当得知谁有进步或做出什么成绩时，都会第一时间给予肯定和表扬。这一个月，他依旧按照每个人的能力，进行任务分配。分配完成后，团队中的每一个人都开始行动起来。

结果，到第20天时，销售员赵明奇已经提前完成了自己的销售任务。他非常高兴，等着主管当众表扬他，想到这里他就会不由自主地笑起来。可是孙强因为最近工作比较忙，把这件事情给忘了。时间都过去好几天了，看主管没有任何表扬自己的意思，赵明奇心想：主管平时对别人都是有进步就肯定，这次是不是看不起我的进步，所以不肯定我。想到这里，他就非常“恨”主管。渐渐地，他开始不听主管的安排，每次开会故意迟到，销售业绩也变得越来越差。

主管对于下属的肯定，不要等到月底或年底的销售会议上才表现出来，这样在下属的心里就会产生疑问：是不是主管不重视我了，是不是我做的成就不值得表扬，是不是主管看不起我，等等，这些想法就会出现在下属的脑海中。其实主管根本就没有这个意思。下属如果对主管产生误解，就会影响其工作积极性，这直接导致整个团队不但在业绩上受到损失，甚至还会搞得关系紧张，影响团队的工作氛围和未来发展。

作为团队主管，平时不要吝啬你的表扬，对那些表现不错的团队成员适时给予物质奖励或精神鼓励，增强他们的个人自信心，同时也让成员对主管和团队更加认同和依赖。

田斌是某裤业制造公司的销售主管。随着公司业务增多以及销量增大，公司决定再招10个销售人员。很快地，满足条件的10个销售新人就招聘入职了。进行了前期培训后，最终5个人留了下来。

实习期过后，留下来的5人中，一个叫赵雪的销售员业绩平平，工作起来显得比较吃力。但是，赵雪有一股不服输的劲头，对待工作认认真真。过了一段时间，她的工作表现终于有了突破。主管田斌为此还特别开了一次会，对赵雪给予了充分肯定和表扬。这极大地感动了赵雪，因为自己并没有取得多么亮眼的业绩，只是工作上有了一些进步，主管当着这么多人的面肯定自己，而且还专门开会，真的是很重视和尊重自己。

从那以后，赵雪更加努力，没过几个月，销售业绩一跃成为团队第一名。在这个过程中，田斌也是随时肯定并且赞美她的表现。

那么，作为主管，在随时赞美下属的时候，有哪些需要注意的地方呢？

第一，公平对待每一位团队成员。

公平是团队主管树立自身威信最重要的一点。一个团队，有了公平，才能激发出每一个成员的奋斗热情，为团队共同的目标而不懈奋斗。在对属下取得的成绩进行随时肯定时，不要区别对待，要一视同仁，不管是销售业绩好的，还是不好的，只要有进步都应该肯定，不要搞特殊化。

第二，多肯定那些销售业绩差的团队成员。

著名的“木桶理论”讲：一个木桶，能盛多少水，不在于那些长的木板，而取决于那些短的木板。只有让一个团队中能力差的人提高，整个团队才会蒸蒸日上。

第三，随时肯定的同时，适当给予奖励。

主管肯定下属的成绩，会让下属得到心灵上的满足。但物质永远是最实在的奖励，是实实在在的肯定和认可，最能激励人去努力和上进，这样会促使团队良性竞争，进步更快，竞争力更强。

用建议的口吻来下达工作指令

很多团队主管在向下属下达工作指令时，会习惯性地用命令甚至极其严厉的口吻对下属发号施令。这种态度，会令下属感到厌烦，感觉不被尊重。

胡雪刚刚调任成为公司销售主管，一到任，她想要树立起自己的权威，马上制定了一份销售计划，然后通知销售团队成员开会，分配销售任务。

过了段时间，她去检查下属的完成情况。当她看到王昕已经完成了安排的任务后，不但没有任何肯定和表扬，反而大声说道："任务虽然完成了，但也不能就这样偷懒，我命令你再完成20%的销售量。"王昕听后，非常生气，反问说："凭什么啊？我任务完成了，凭什么无缘无故给我加工作量啊?!"胡雪说："我是主管还是你是主管，我说什么就是什么。"从此，他们两个结上了梁子，平时见面都不打招呼。

渐渐地，因为惯以命令口吻发号施令，胡雪得罪了好几个下属，慢慢开始指挥不灵，失去了团队的实际领导权。

主管不能以高高在上的姿态，用命令的口吻给下属下达指令，这样做，没有给予下属充分的尊重。在团队中，团结、平等是必需的。

主管摆出一副"官架子"，下属感受到的首先是压迫感和不尊重感，下属会对这样的指令产生抵触心理，甚至故意不积极执行。最后，损失的不仅仅是销售业绩，整个团队也会渐渐失去了向心力。

如果主管换一种方式来下达指令，用建议的口吻来说，听起来就会相当的舒服，下属就会感觉到主管没有架子，是站在一个与自己平等的位置提出工作建议，这样就增加了领导的亲和力和员工的执行意愿。

司岩伟是某牙膏生产公司的销售主管，他担任这个职务已经有10年了。他对待下属一向公平、友善，因此一直受到销售团队的认可和拥护。

最近几个月，不知是什么原因，销售部遇到瓶颈，业绩持续下滑。司岩伟立即召开会议，制定对策。在会议上他向下属征求意见，然后制定了销售计划。销售员孙修虽然刚刚转正没多久，但能力很强，没多久就完成了自己的销售任务。这时，正好司岩伟检查工作进度，得知这个消息后，司岩伟很高兴，对孙修说:“你的能力很强，我很看好你，现在部门业绩不理想，你可以再努力点，帮销售团队多创造点销售业绩就更好了。”

孙修听到这里，心里也非常高兴，同意了主管的建议。果然，他又再接再厉，竟然完成了团队30%的销售任务，帮整个销售部门摆脱了业绩下滑的困境。

一个团队，主管和成员只是权责分配不同，并不存在谁高贵谁低贱的说法。主管站在和下属平等的位置，用建议的口吻来给下属下指令，能让下属甘心去执行指令，努力完成目标。除此之外，在下命令时，还应该注意以下几个方面。

第一，说话的语气要适当。

说话的语气彬彬有礼，同时又不卑不亢、严肃认真，比用命令的口吻效果明显要好得多，更容易让下属接受。举个例子，“你这个月必须完成我规定的销售任务，否则有你好看的。”这样的说法就不如“你的销售能力特别强，团队任务能不能顺利完成，现在就要靠你努力了。”两种说法的口吻完全不同，显然第二种更可取，第一种说法已经带有近乎威胁的口气，试问哪个员工受得了主管这样跟自己说话？

第二，任务下达要明确。

下达的指令要明确，不要让下属产生疑问和误解。比如，主管跟下属说你要提高销售业绩。这就给下属造成了不解，到底要提高多少，也没个标准。因此，在下达任务时，一定要说清楚，下属应该完成的任务是什么，需要多长时间完成，都要明确。

第三，定期检查监督。

任务下达以后，要定期对销售人员的完成进度进行检查，看他们最近的工作状态是不是积极。检查起到了监督的作用，没有完成的销售人员心里会有压力，这种压力会促使他们在接下来的时间内，抓紧时间努力去实现目标。

正确表达对下属的关心

销售主管表达对团队成员的关心，对于团队的建设和健康发展有很大帮助。但关注团队成员也分为不同的方向，有时候关心的方向不对，不但起不到应有的作用。很有可能会适得其反，甚至是惹恼团队成员，比如主管切忌对销售员的工作问得过细。主管追问细枝末节的本意是关心工作的落实情况，但会让员工觉得主管对自己的能力不信任，这种误会就是由不恰当的关心引起的。所以，主管要正确表达对团队成员的关心。

主管应该怎样正确地表达对下属的关心呢?

第一，心要诚。

所谓“精诚所至，金石为开”，人都是有感情的，当别人感受到真情实意的时候，自然会以诚相待。

任家行是某制药公司销售员，在一次外出拜访客户时出了车祸，销售主管方勇第一时间赶到医院，得知需要手术，在任家行亲属还没来的情况下，他就帮忙办理了所有手续。

手术后，方勇到病房看任家行，对他说:“慢慢养伤，在养伤期间有什么需要尽管告诉我，我会帮你解决。另外，公司除了照常给你发工资外，团队会给你每天一定的补助，你好好休息就行了。”

当任家行养好了伤，第一时间就来到了公司，他拼命工作，回报主管和公司的关心，第一个月就成了团队销售冠军。

主管真诚的关心，让团队成员发自内心地感动，真正认可主管，对团队产生归属感，为团队的发展不遗余力。

第二，话要精。

说话的方式有很多，话不在多而在于精。精不仅仅是要简明扼要，更要说得巧妙。举个例子，销售团队取得了很好的销售成绩，而领导为了不让大家骄傲，关心大家，就说：“你们都没有发挥出自己的实力，怎么能沾沾自喜呢？你们应该冷静下来，想想自己哪方面做得还不够，还要继续努力。”

主管说的话要精，把事情往好的方面说，比如团队成员销售业绩没有达标，主管可以说：“不要紧的，你们说说看，在销售的过程中遇到了哪些问题，我来帮你解决，解决了就能达标了。”

第三，承诺要履行。

在主管关心团队成员的过程中，往往为了表达出自己的真心，会许下一些承诺。当团队成员完成了任务，有些主管就会找各种理由推脱，不履行自己的承诺。这样造成的后果极其恶劣，团队成员对主管将失去基本的信任，未来主管再做出何种承诺，都不会再有人相信。

因此，主管的承诺一定要履行，真正让团队成员感受到来自主管的关心，让他们信服主管，听从主管的领导。

与爱发牢骚的下属推心置腹地谈一谈

销售是一个压力很大的工作，在巨大的压力之下，有一部分下属就爱发牢骚，抱怨这个抱怨那个。遇到这种情况，作为主管，如果放任这种情况不管，那整个团队都会受到影响，逐渐丧失凝聚力和竞争力。主管应该跟爱发牢骚的下属推心置腹地谈一谈，倾听他们的心声，真正解决问题，而不是放任他们在团队中散播负面情绪。

许江坤是一家公司的销售主管，这天，销售团队的一名下属来向他汇报，说："主管，小林抱怨团队的奖励制度不合理，对业绩好的员工奖励太多，业绩差一点的员工基本没什么奖励。你看是不是应该管一管，和他说说这件事。"许江坤说："不用去管他，他就是爱发牢骚，自己不努力干，能怪谁。"结果任由类似的怨言在团队中蔓延。

时间一长，许江坤发现，团队的销售业绩一再下滑，员工也不听自己指挥了。

面对爱发牢骚的下属，一些销售主管觉得不过是件小事，觉得下属发牢骚肯定是他们为自己的不努力找借口，结果放任自流，这样就让事情过去了。这种做法非常不可取。员工有怨言，一定是哪里出了问题，问题不及时解决，久而久之就会有大麻烦。

爱发牢骚的下属，会向团队其他成员抱怨，说公司这也不好那也不好。对于那些刚加入团队的新人，对公司的情况还不够了解，很容易出现误解。听到老员工发牢骚，就会对公司经营产生怀疑，导致因为这些怨言形成误解而离开。而对公司情况了解的老员工，在听到抱怨中有真实存在的问题时，也会跟着抱怨。这样怨言就会在团队里病毒式传播，变成所有人都开始抱怨。一个充满抱怨的团队，还能指望做出多大成就呢?

遇到那些爱发牢骚的下属，不要放任不管，要及时找到他们进行推心置腹的交谈，让下属感受到主管对员工的重视，同样让下属感受到主管对待问题的严肃和认真。那些抱怨的下属，对主管说出他们遇到的具体问题，而主管对问题进行分析，看问题具体出现在哪里，发现问题，解决问题，给下属一个交代。如果能得到那些抱怨公司的下属的认可，主管在团队中会更受尊敬，也能更好地管理团队。

某蔬菜销售公司主管因为在工作过程中表现差劲，连续几个月销售业绩下滑，结果被公司领导解除职务，销售精英徐贝被任命为主管。

刚刚接任主管，徐贝并没有把以前的制度推翻重建。毕竟自己刚到任，直接改制度，会引起下属不满。

不久后，她就听到下属有不满的声音，通过调查，找到了不满声音的来源。这天，她把抱怨的始作俑者李飞叫到了办公室。徐贝说："不要紧张，我也是刚上任，需要了解下员工的情况。有什么话可以直接说，就像平时拉家常一样，把自己的想法说出来。只有把问题摆在桌面上，我才能找到症结所在，帮大家把问题解决，团队的业绩才能突破，你说是不是这个道理？"李飞一听，直言不讳说道："是这样的，我们以前的制度有点不合适，对员工的鼓励性不大。比如整个团队完成了任务后，只能拿到团队的奖金，没有个人奖励，这样干着没劲。反正都是一样的，没什么区别，索性吃大锅饭。"

听到这种情况后，徐贝告诉李飞说："你放心吧，我之所以没有改以前的制度，是因为我害怕自己刚上任就改制度引起大家不满，现在既然大家觉得这个制度不合理，我会想办法采用新的考核制度。最多一个星期，我就会把新制度公示出来，保证大家有个人奖励拿。"

果然，一个星期以后，新的制度出来了，着重突出了个人奖励的考核办法。大家在新制度的激励下，努力向上，积极奋斗，很快就取得了不错的成绩，同时，徐贝也得到了团队成员的认可。

遇到爱抱怨的下属，主管不要推卸自己作为团队领导人的责任，要推心置腹地交谈，尊重和重视下属提出的意见，及时解决。具体应该怎样做呢？

第一，找一个安静的环境。

一个安静的环境能够让下属平静下来，不要在人多的场合交流。下属也是爱面子的，在众人面前也不愿意说公司不好的，何况还是当着主管领导的面。

第二，诚恳地倾听下属的意见。

当下属诉说的时候，心情难免会有一些激动，这时，作为主管，不要急着跟下属争辩，先听他把话说完，甚至让他发一些脾气，释放一下情绪，在他说的时候，可以时不时点头以示回应，表明你在认真倾听并认可对方的说法。做到这些，下属才能认为主管对谈话是有诚意的，是推心置腹的。

第三，提出解决意见，得到下属认可后，定好解决时间。

当主管了解员工抱怨的原因之后，一定要合理分析，制定解决方案，然后征求下属的意见，得到下属的认可，再给出解决的时间。限定时间是最重要的，这能增加下属对主管的信任，也是让员工对主管和公司的一种监督。有很多领导嘴上答应得很好，但却迟迟不解决问题，这是不讲诚信的行为，久而久之，自然难以服众，失去人心。

批评之后要善于发现并表扬成员的“进步点”

团队成员不能完成销售任务，主管就会批评下属。批评不是目的，目的是要让下属认识到自身的不足之处，同时，也不要忘记发现并表扬成员在后续表现中的“进步点”。

韩工伟是一家电脑销售公司的销售主管，李奇作为团队中的一员，销售成绩非常优秀，但是有一个小毛病，就是脾气有些急躁。

一次，一个客户买了好几台电脑，其中一台经常出问题，来找公司解决。当时李奇正好当班，客户就对李奇说：“应该进行更换，否则就要投诉。”结果李奇一听就有些怒了，竟和客户吵了起来，结果被投诉到主管领导那里。

李奇被主管韩工伟叫到了办公室，韩工伟二话不说对李奇就是一顿严厉批评，告诉他下不为例，并表示以后他会盯着李奇的表现，以观后效。

李奇心里觉得很委屈，他开始质疑自己的能力，怀疑自己处理问题的方式，他注意收敛自己的急脾气，整个人确实稳重了一些，但却得不到韩工伟的肯定和表扬。渐渐地，他从一名成绩优秀的销售员变为一个业绩平平的普通销售员了。

当主管批评完下属以后，下属心里就会对自己产生不信任，觉得自己什么都做不好，陷入迷茫之中，如果迟迟找不到改善的方法，得不到主管的认可，就会长期陷入低迷状态，失去对销售工作的积极性，导致业绩下降。

所以，主管在面对下属犯错或无法完成业绩时，批评不是目的，重要的是进步。积极地发现下属的改变，即使只是微小的提高，主管也应有所表示，给予肯定。

作为销售主管，要善于发现团队成员的“进步点”并进行表扬，让下属重新燃起奋斗的激情，认可主管的领导权威，让下属看到主管是一个赏罚分明的好带头人。

那么下属的“进步点”包括哪些内容呢?

第一，工作态度上的转变。

主管应该善于观察下属的工作态度，受到批评后是消极、抱怨，还是积极、上进。看到下属积极改正去做事时，主管要第一时间认可和表扬。

第二，销售成绩上的提高。

业绩是销售人员能力的最好证明，主管不管是批评还是表扬，最终目的都是为了提高团队业绩。

第三，对待团队的进步。

被主管批评后，因为害怕其他团队成员会因此看不起自己，而变得不愿意交流，渐渐远离团队，孤军作战。如果被批评的下属有这种趋势，主管应该及时提醒；如果没有出现这种情况，下属被批评后变得更加积极、谦逊地跟团队成员沟通，主管要适时提出表扬。

批评以后，及时发现下属的“进步点”予以肯定和表扬，能调动下属的积极性，迅速改正自己的错误，增强团队的向心力。

好的团队领导都会主动去听下属说什么

好的销售团队的领导，要想带好团队，做出销售成绩，就要学会主动听下属说什么。不去主动听下属的声音，团队就没办法有效交流，更不能及时得到反馈信息，那团队中的问题和隐患就无法及时发现和解决。

黄兴岩是一家裤业生产公司销售主管，平时自己的工作很忙，因此，和下属的交流很少，除了布置任务，几乎没什么沟通。

由于7月的销售业绩非常好，因此，黄兴岩对下个月销售额充满期待。于是他决定把下个月的销售额定高一点。他觉得自己的团队运行良好，业绩会一直涨下去，并没有详细研究往年数据。其实每年8月都是淡季，是全年销量最差的一个月。在销售计划会议上，当他说出8月的销售计划时，下面团队成员议论纷纷，他们很清楚下个月是不可能完成这样一个销售计划的。但作为主管的黄兴岩一句也没听进去。

结果就是跟往年一样，这个月销售业绩很差，还积压了大量库存，给公司造成了严重的经济损失。

销售主管不主动听下属说什么也就罢了，甚至对大家反映上来的意见也置若罔闻，这是主管的重大失职，更是为团队埋下了巨大的隐患。这种巨大的隐患没有被消灭在日常的沟通交流之中，以后的失败在所难免。

在一般的企业文化中，下属会因为和主管存在上下级的关系，害怕说出领导不爱听的话而得罪主管，认为那样会给自己带来不必要的麻烦，甚至会得不到领导的赏识，影响自己的前途，所以即使发现问题也闭口不谈。

此时，如果主管再不主动去听下属说了什么，主动询问有什么要说的，双方都不主动，那么这个团队也就失去了交流的前提和基础。不交流，信息就不能流通，就不能发现问题，而找不出团队中存在的问题，任由那些问题发酵、蔓延，失败是迟早的事。

刘凯是某饮料有限公司的销售主管，平时在制定销售计划的时候，他总爱听一听下属的意见和看法。

又到销售计划制定的时间了，在销售计划会议上，他把自己的销售计划告诉了大家。他听到下面的团队成员有几个人在议论着什么，他就叫其中一个叫王丹的销售员站起来发表意见，对她说："你把你们刚才讨论的事再说一遍，我想听听你们的意见。"王丹说："在销售的过程中，我们发现客户不怎么喜欢柠檬饮料，每次我们跟客户介绍了很多，但始终得不到客户认可。而猕猴桃饮料就不一样了，只要我们稍微介绍下，客户尝过后就会接受并且购买。这次，我们觉得您的销售计划把柠檬饮料的销售额定得过高，非常不合适。"

刘凯听后说："确实，我只是拿着数据分析，对你们具体操作过程中的情况不太了解。听你这么说，我就明白了。"很快他就修改了自己的销售计划，事实证明，这个决定是正确的。

作为主管，主动并且多听听下属的意见，能为自己的决策提供重要的帮助。同时，也让下属看到主管是一个具有亲和力的人，利于团队的建设。

那么在听取意见的过程中，需要注意哪些方面呢？

第一，尽量不要打断。

当下属之间讨论、交流的时候，主管不要破坏这种沟通的氛围，大家想说什么就说什么，让信息在团队中充分流通，让大家畅所欲言。

第二，鼓励下属发言。

不管是在日常工作中还是在销售会议上，主管要多鼓励下属发言，不要有顾虑，工作上有任何意见和建议尽管提。

第三，适当奖励。

对于积极发言的下属，主管也要积极、审慎地对待他们提出的意见和建议，一起分析其中的问题和机会，对那些提出有效建议的下属，给予一定的物质或精神方面的奖励，可以使团队中这种畅所欲言的氛围常态化，团队成员也就更愿意发言，更愿意将工作中的想法和感悟分享出来，帮助团队提高，和团队一起成长。

给团队输入必胜的信念

“有志者、事竟成，破釜沉舟，百二秦关终属楚；苦心人、天不负，卧薪尝胆，三千越甲可吞吴。”有必胜的信念，就能凝聚起整个团队的力量，发挥出巨大的潜力，在困难面前，强大的自信心和勇气是获得成功的重要保障。

销售是一个面对挑战的工作，不能接受挑战，团队就不能发展。而接受看似不可能完成的销售任务，又让团队成员对自己的能力产生怀疑。进而唯唯诺诺，不敢向前。这就是为什么销售主管要给团队输入必胜信念的原因。

缺乏必胜的信念，团队就会变成未战先怯的军队，即使奔赴战场，结果很可能是大败而回。无法完成目标，就意味着团队发展缓慢，而在当今竞争激烈的环境中，销售团队间的竞争更加的激烈，团队发展的缓慢，就意味着慢性死亡。

作为主管，应该怎样给团队成员输入必胜的信念呢?

第一，认清团队的实力。

古语云:“知己知彼，百战百胜。”想要战胜对方，首先要了解自己的实力，对自己的实力不清楚，盲目乐观，只会自取灭亡。

想要团队成员完成他们认为不可能完成的目标，空喊口号，“打鸡血”是没有实质效果的，必须给团队注入必胜的信念，而前提就是要让他们了解团队的优势和实力，让他们真正感受到，只要自己努力，完全有可能实现目标，完成任务绝不像他们想象中那样困难。

第二，制定较合理的目标。

团队主管给团队成员输入必胜的信念，目的是想要让他们完成他们认为不可能完成的目标。

当然，主管制定的目标必须是有挑战性的，但目标的设定绝不能超出能力太多，那样也是不现实的，比如公司上个月的销售业绩是100万，制定的这个月的销售业绩是1亿。这显然是不可能的，再大的必胜信念也不可能完成。目标一定要合理，要有可行的配套方案来分解目标，必胜的信念只是让大家坚定信心，提高勇气。

第三，制定对应的奖励制度。

“重赏之下，必有勇夫”，这是一条到任何时候都不会过时的真理。必要的物质奖励，在任务艰巨的时候可以刺激团队成员迎难而上，爆发出巨大的潜力。

05

树立危机意识，消除团队惰性细胞

销售主管没有危机意识，对未来盲目乐观，这对团队发展来说是灾难性的。问题会因为主管盲目乐观的态度而长期得不到解决，以致局势逐渐失控，再想通过制定应对方案来避免危机，就会变得非常困难。

最危险的情况是团队领导意识不到危险

销售主管在带团队的时候，往往会因为忧患意识不强，而给团队造成巨大的、不可挽回的损失。这种情况是非常危险的。

许顺奇是某轮胎制造公司河北地区的销售主管，经过了近十年的努力，终于取得了不错的成果，在本地市场占有率达到了80%。渐渐地，他开始骄傲自满起来了，再也不像以前那样充满活力和拼劲。

每一次销售计划制定的目标都是保持目前的销售成绩，争取稳步提升。渐渐地，他的销售团队成员形成了懒惰的作风，呈现出不思进取、得过且过的状态。久而久之，销售成绩出现了停滞和小幅度下滑，但主管许顺奇并不在意，他认为这只是暂时的，过段时间就会好转。发现主管对销售业绩下滑没有反应，销售团队的成员变得更加懒惰了。

结果，一年以后，他们被竞争对手超越，失去了很大的市场份额。

销售主管没有危机意识，对未来盲目乐观，这对团队发展来说是灾难性的。问题会因为主管盲目乐观的态度而长期得不到解决，以致局势逐渐失控，再想通过制定应对方案来避免危机，就会变得非常困难。

一个团队中，如果主管没有危机意识，那团队成员也一定会缺乏危机意识。一个没有危机意识的团队，无论是主管还是销售人员都会变得懒惰，失去动力和激情，表现出优哉游哉、得过且过的状态，整个团队的执行力和反应能力都会明显下降，销售业绩自然也谈不上持续增长，迟早会爆发危机，甚至威胁到企业生存。

一个时时刻刻有危机感的团队是不敢懈怠的，时刻处于紧张的工作状态，充满无限的动力，整个团队会爆发出一种无比强大的力量。在这种力量的引导下，团队会团结一致，共同努力，共同提高，创造更加辉煌的销售业绩。

白冰是一家香肠公司销售主管，在他的努力下，团队取得了显著成就，从前几年的市场占有率不到10%提高到了15%。他对自己的成绩很满意，同时团队成员中几乎每个人也都出现了自满的情绪。

不过白冰的危机意识还在，知道竞争对手还远远比自己的团队强大。于是，他召开会议，在会议上，白冰对团队成员说："取得好的销售成绩，是值得我们骄傲和自豪的，但是大家要有危机意识，要明白我们跟对手的差距有多大。你们知道吗？我们的竞争对手市场占有率是我们的几倍，你们还要了解，人家的销售员一个人的销售业绩就比得上我们团队中的几个人。你们要认识到差距，不要满足于现状，要有危机意识，不断和竞争对手相比，这样才能提高自己。"

听完白冰的话，大家从自满的情绪中惊醒，更加努力工作，很快这个团队就有了明显成长，进一步占领市场，缩小了与竞争对手之间的差距。

要想摆脱安逸的状态，增强危机意识，销售主管就要培养团队危机感。可以从以下几个方面着手去做。

第一，建立竞争机制。

有竞争就有动力，就能让团队中的成员产生危机意识。无论面对怎样的外部环境，真正有能力的人是不会畏惧和轻易满足的。同时，只有通过不断竞争，激发出人的潜力，才能真正让一个人得到锤炼和成长。所以，竞争是产生危机意识的前提。

第二，建立淘汰机制。

没有淘汰，就没有压力和动力。对于那些不求上进的销售人员，只想通过混日子得到报酬的人，必须有相应的淘汰制度，将他们筛出来，并且让团队中的成员产生危机意识，让他们明白不努力就会被淘汰。

第三，建立奖罚制度。

没有适当的奖励和惩罚，销售团队的成员也就没有动力去提高业绩，更不会产生危机意识。当团队中有人因为业绩突出而得到奖励，有人因为业绩不好而受到惩罚，团队的成员都会产生危机意识。

要把市场压力传递给每一个成员

没有压力，也就没有动力。对于销售人员来说更是如此。作为销售主管，不仅要通过制定销售目标来让团队成员感受到压力，还要把外在的市场压力传递给团队成员，让团队成员意识到自己的利益和团队的利益是紧紧联系在一起的，从主观意识上产生压力，爆发出努力拼搏的巨大力量。

孙天阳是某电脑公司销售主管，他是一个很有大局观的人。在他的带领下，公司的销售业绩越来越好。为了不让销售团队中的成员松懈，产生自我满足的心理，他决定召开销售会议，让团队成员明确市场上的竞争压力。

在会议上，他先发出两条提问：你们现在感觉良好吗？你们觉得自己有危机感吗？

对此，团队成员的回答似是而非，模棱两可。

他接着说：“团队的成员，要时刻感受到压力，你们的利益是跟公司的利益联系在一起的。只有公司发展了，你们才有发展。现在公司的竞争对手依然强大，销售额远远超过我们，如果我们不能认清市场压力，只是觉得把自己的工作任务完成就好了，不给自己压力，那市场终将被竞争对手占领，到时候公司的利益受损，你们的利益也没法获得保证。”

听到这些话，团队成员都明白，这并不是危言耸听。每个人都感受到了自己肩上的压力。自此，在工作的时候，大家都非常努力，在接下来的几个月时间内，团队的销售业绩稳步提高。

销售人员作为一线业务员，在思考问题的时候，难免高度不足，耽于细节而缺乏战略性。如果只是考虑自己的利益，着眼于自己的工作，认为凡事只是完成主管分配的任务就万事大吉了，不免有些被动，缺少了一些团队精神。不知道为公司担风险，为公司和团队而努力，这就是销售主管没有让他们认识到市场压力导致的结果。

销售团队的成员不了解市场的压力，就不知道公司发展的情况，以及自己的利益跟公司的利益联系得有多么紧密。要想让整个团队变得更加优秀，竞争力更强大，就要让团队在共同目标的驱使下团结起来，不断做出更好的销售业绩。

作为销售主管，怎样才能把市场的压力传递给每一个团队成员呢？

第一，销售主管要自己意识到市场的压力。

主管首先要对市场有清醒的认识，摆正公司在市场中的位置，才能让下属明确地感受到他们所面临的压力有多大。这就需要销售主管做到了解市场。平时多了解竞争对手的销售情况，预估市场的需求总量，才能很好地了解市场的真实情况，分析市场压力。

第二，进行大局观培训。

一个人的大局观，决定他能看多远。格局大的人，会放弃眼前的小利，去为更大的利益奋斗。对团队成员进行大局观的培训，扩大他们的格局，把自己的目标定高一点，把目光放得长远一点，他们就不会因为取得了一点成绩而沾沾自喜，停滞不前，感受不到市场的压力。

引入“鲶鱼”，激活团队

渔夫为了防止沙丁鱼在运输途中因为窒息而死亡，就在鱼槽里放入了鲶鱼，沙丁鱼为了躲避鲶鱼的捕杀，不断游动，这样就减少了死亡。这就是著名的“鲶鱼效应”。在销售团队中也一样，引入“鲶鱼式”成员，让长期处于安逸状态的团队成员感受到压力，就可以盘活沉闷的团队。

李晶是某化妆品公司的销售主管，这个销售团队已经有三年没有人事变动，渐渐地弊端显现，团队成员一个个都失去了刚到公司时的拼劲，整天死气沉沉，销售业绩也一直没有多大起色。

经过深思熟虑以后，李晶准备为这个团队引入“鲶鱼式”成员，来让团队重新焕发活力。很快地，销售精英曹炫加入团队。刚一来，曹炫就表现出自己强大的销售能力，销售业绩一枝独秀，团队中其他成员的客户甚至都被曹炫吸引了过去。

对此，大家感受到了巨大压力，为了自己的生存，也开始追赶曹炫，往日安逸、沉闷的消极状态一扫而空，变得积极向上，努力提升业绩。

最后，在曹炫这条“鲶鱼”的影响下，团队重新找回了拼搏奋斗的氛围，销售业绩不断提高。

销售团队中，成员长期从事不断重复的工作，对于每个人来说，都会渐渐产生厌倦感，导致工作效率低下，缺乏活力。再加上团队成员间的熟悉程度，相互之间也就失去了竞争意识，最终造成整个团队死气沉沉。

如果不引入“鲶鱼式”成员，让他们来通过自己的能力搅动团队死气沉沉的氛围，那些处于低迷状态的团队成员就很难意识到危机，导致长期低迷的状态。这对整个团队的发展极其不利。

引入“鲶鱼式”团队成员，能够使团队角色更加丰富。在生态系统中，要有不同的角色，才能让整个系统保持稳定、高效地运行。同样，对于一个销售团队而言，不同的角色可以进行优势互补，激发团队活力，迸发出更大的能量。

引入“鲶鱼式”团队成员，还能够激发团队创新。如果一个销售团队的成员间过于熟悉，难免形成固化的运行方式，甚至思维僵化，彼此间就不会再有创新型的意见，当然也就毫无创新可言了。引入“鲶鱼”人才，正好可以让他们之间进行思想碰撞，产生不一样的想法，来实现团队的创新。

总的来说，当团队长期处于沉闷状态中，活力和竞争力衰退时，销售主管要及时察觉，然后引入“鲶鱼式”团队成员，来让团队重新焕发活力。

锯掉下属的“椅背”

这里所说锯掉下属的“椅背”，意思是清除下属慢慢形成的惰性，激发出销售人员的激情和活力，让他们明白惰性的滋生会毁掉他们的一切。要知道，做销售，不进则退，懒惰不仅影响自己的销售业绩，还会影响整个公司的发展。

王雪担任某帽子制造公司销售主管。最近公司要进行产品战略升级调整，因此没有给销售团队下达销售计划，王雪也就没有过于留意销售团队中的成员。

销售团队中每个人因为没有具体的销售计划，因此都开始懒惰起来。到公司以后，不是抓紧看客户的资料，而是玩手机。渐渐地，团队开始松散起来，有人跑去把这种现象告诉王雪，但她并未重视。

当产品的战略升级调整过后，重新下达销售计划后。团队表现出了非常明显的抵制和反感情绪，之前的激情和热情荡然无存，结果第一个月的销售计划没有完成。

对于销售团队来说，主管放任团队懒惰不闻不问，久而久之就会形成惯性。当团队需要再次紧张起来去冲击销售任务时，这种由长期懒惰形成的惯性，会给团队带来强大的阻力，导致外紧内松的状态，本来需要冲刺，团队成员却都提不起精神，最终导致主管指挥不灵，完不成销售任务。

锯掉下属的“椅背”，清除惰性细胞，可以让团队成员摆脱安逸的环境，重新燃起奋斗的激情，认真对待自己的销售任务，把任务放在心上，习惯于充满压力的状态，实现团队业绩新高度。

黄建是一家销售公司的主管，最近他发现，整个团队都表现得很懒散。平时到公司的时间都会无缘无故地迟到，工作的时候也缺乏时间观念，喝喝茶，聊聊天，玩玩手机，拿着客户资料装模作样。一个月过去了，黄建的本月销售计划只完成了60%，形势变得严峻起来。

对此，黄建召开会议，在会议上他说："从今天开始，迟到的员工都要增加1%的个人销售业绩。另外，每天大家都必须给我上交当天的销售计划书和完成进度表，我每天会抽出时间对大家公布，业绩最差的那个人，要做书面检讨。"

这些制度制定好以后，从第二天开始，团队再也没有一个人敢懒惰懈怠了。每个人都努力工作，任务很快就完成了。

作为销售主管，应该怎样锯掉下属的"椅背"，清除惰性细胞呢？

第一，制定出详细的销售计划。

一个明确的计划，能够让销售团队中成员明白团队需要完成的任务。有了明确的任务量，无形之中就会给整个团队造成一定的压力，而这种压力正是抑制团队惰性的最佳克星。

第二，检查完成的进度。

团队成员总会有一些人会找借口为自己的懒散开脱，做事上午推下午，下午推明天，工作进度一再拖延。检查制度的存在，会让这些人有所收敛。定期的检查制度，通常要把时间设置得短一些，这样才会有明显的效果。时间定得太长，这些人还是会找到偷懒的机会。

第三，制定合理的赏罚制度。

赏罚制度能对下属产生最直接的激励作用。完不成任务就要处罚，进步和努力了就要奖励。赏罚不仅关系到个人荣誉，更重要的是能够得到实际利益。在利益的驱使之下，很多人都会更加努力而不是选择懒惰。

第四，业绩公示。

把团队中每一个人每天的业绩，找一个团队成员都能看到的地方公示出来。比如小黑板。这样每天大家都能看到自己的业绩完成情况和在团队中的排名，那些业绩差的人就不会熟视无睹了。俗话说“知耻而后勇”，在不甘落后的心理驱使下，后进的员工一定会摆脱懒惰，勤奋起来的。

激励后进者，偶尔给他们打张好牌

在销售团队中，有这样一些人，他们刚开始也许并没有那么优秀，甚至略显笨拙，但经过一段时间的积累后，开始明显进步，这就是后进者。他们往往能够带给团队很大收获，作为主管，应该对他们重点关注，并且适时激励，偶尔给他们一些资源倾斜。

孙辉是一家手机充电器生产厂商的销售主管，最近销售部门好几位员工离职。于是他招了一批新员工。经过一段时间的培训，这批新人陆续上岗。

刚开始几个月，新来的销售员王琪工作不得要领，因此好几个月都业绩平平，而和她一起来的几个新员工都成长迅速，时常受到孙辉表扬。她并不气馁，用心学习和体会销售技巧。后来，她渐渐找到了要领，进步很快。但主管孙辉因为之前她的业绩不理想，觉得这么长时间了才进步，有些轻视她，平时对她也没什么指导和帮助。王琪很是失望，认为自己并不比别人差，只是适应的时间长了些，别人理解能力强，短时间进步很大，得到了主管不少的表扬和奖励，而自己进步了，主管却一点表示都没有。

最后，因为感觉受到了不公平的待遇，她选择了辞职，离开了这个销售团队。

人的适应能力和理解力是不同的，有的员工理解能力特别强，能够在短时间内就把销售知识悉数掌握，并且能够合理运用。而有一部分员工则是需要学习很长时间才能做好。那些学习慢的员工并非就不是可塑之才了，作为销售主管，不应当歧视那些进步慢的员工，而应该对后进者多多关注，激励并认可他们的付出和进步，而且适时给予一些工作指导和发展机会，适度给一些资源倾斜，让他们能进步得更快一些，树立更强的自信心。

如果主管对后进者的努力和成绩视而不见，甚至指责他们进步太慢，必将严重影响他们的工作积极性。而如果整个销售团队形成“反正我的成绩主管也不关心，他只在乎那些悟性高、成绩一直优秀的人”的共识，甚至在团队中产生等级观念，出现不和谐的团队关系，那将会带来灾难性的后果，团队成员也就不会特别努力了。

销售主管对待自己的团队要基于公平、公正的原则，甚至可以是偏向于后进者，多给弱者一些机会和帮助。后进者本来就处于弱势地位，作为主管，偏向于弱势群体，是不会惹来团队成员非议的。为后进者提供发展机会和资源，能够激励他们继续坚持，持续不断地成长和进步。感受到来自销售主管的重视和关心后，后进者对主管会更加尊重和敬佩。

当后进者的工作有了长足的进步，身为主管，一定要给予他们心理安慰和鼓励。对后进者来说，他们承受的心理压力是非常大的，因为长时间没有显著进步，导致同事的非议以及主管的不重视。所有的这些外部压力，会让他们渐渐觉得难以承受。如果他们好不容易坚持下来，取得了一些成果，销售主管一定要给予他们心理上的安慰，多说一些鼓励和认可的话，来肯定他们努力的价值。比如可以说：“看，你最终还是做到了吧，我相信你一定能做到的，果然没有让我失望。加油！你会做得更好的。”

对于那些后进者，销售主管要给予他们足够的重视，并给予他们一定资源倾斜，让他们感受到主管的关心和企业的培养，激励他们不放弃自己，不断进步和提高。

“标杆”管理，关注优秀员工

销售主管在带团队时，想让团队中的每一个成员往好的方向发展，就需要给团队成员设立一个“标杆”，树立榜样。所以，主管要关注优秀的员工，让团队其他成员知道该向什么样人学习和应该学什么。

俗话说：“榜样的力量是无穷的。”为团队设置标杆，其他成员就会受到那些优秀员工的鼓舞，会激发起众人“见贤思齐”的欲望，更加努力上进。如此，团队内部就会形成非常积极的良性竞争氛围，在这种氛围的促进之下，团队发展会越来越好。

那么，作为团队主管，应该怎样进行“标杆”管理呢？

第一，规划。

所谓“运筹帷幄之中，决胜千里之外”，不做没有准备的事情，做事之前先要通盘考虑，把所有的可能考虑进去，并想好对策，这样才能增加成功的概率。

在做团队标杆管理规划的时候，为了避免团队那些优秀成员彼此之间不睦，应该谨慎、合理地制定考察机制，保证竞争的公平性，让团队成员信服。如此评选出来的“标杆”，才能真正得到团队的认可，发挥榜样的作用。

第二，考察。

制定出了考察机制后，就要对团队优秀成员进行考量。考察的标准一定要是大家公认的，而被考察的人选最好也是经过公示，大家都知道的。如果候选成员过多，可以组织团队成员投票，将投票成绩作为决定“标杆”人选的重要参考指标。而且在确定“标杆”以后，主管还要对其进行长期观察，以防其骄傲自满，带坏团队氛围。

第三，与时俱进。

销售团队会随着时间不断地发展，在不断发展的过程中，团队所需要的榜样也会发生变化。因此，销售主管在制定好规划以后，要与时俱进，根据团队发展和团队的实际需求，变换不同标准的“标杆”，让团队成员关注的焦点能与团队发展的重点保持一致。

如果长时间不变，那“标杆”的能力很可能已经不是团队中优秀的了，他们只是某个阶段成绩突出，而现在已经有很多人的能力比他们更强了。那么，“标杆”就不再具有说服力了，反而会成为团队中制造矛盾的隐患。比如销售团队刚刚建立的时候，急需提升销售的业绩，这个时候，制定的“标杆”就需要是团队中销售业绩最好的一个。但随着团队整体业绩的提高，团队其他成员业绩的提升，团队规模的扩大，这个时候就需要发展团队协作能力了，而团队协作能力或许并不是当初业绩最好的那个“标杆”的所长，所以此时“标杆”就需要随着团队的需要而变更，为团队树立新的榜样。

06

制定合理而有激励性的薪酬体系

对销售主管来说，带领的是一个团队，而不是一个人。既要顾及上层员工的感受，同时也要顾及下层员工的感受。只有两者兼顾，才能让团队中的每位成员心理平衡，继而带领好这个团队。

薪资差异体现员工的价值

公司只有盈利才能生存和发展，同样地，对员工来说，也只有不错的薪资才能生存。销售部门的薪资都是按每一个销售人员的销售成绩来计算的。那些销售业绩比较好的，能够拿到远远超过普通销售人员的薪资，差异化也体现了员工的价值。

员工只有为公司创造出价值，公司才能给较高的薪酬。因此，对薪酬进行差异化，对那些能力高、给公司创造的价值多的员工给予高工资，是对优秀员工的认可，也是对所有员工积极奋斗的鼓励，希望整个团队不断成长，大家都能拿到更高工资。

差异化薪资的基础是公平、合理，如果创造价值更多却拿不到更高的薪资，那会让员工对公司感到失望；而如果薪资差异过大，就会导致两极分化严重，也将造成一定程度的不公平，那些薪资处于底层的成员内心就会极不平衡。

对销售主管来说，带领的是一个团队，而不是一个人。既要顾及上层员工的感受，也要顾及下层员工的感受。只有两者兼顾，才能让团队中的每位成员心理平衡，继而带领好这个团队。

那销售主管该怎样制定一个合理的薪资制度，才能让团队成员更加积极工作呢？

第一，进行团队成员基本情况调查，制定合理的基本工资。

对于销售人员来说，如果没有基本工资，只能拿销售提成的话，那收入来源是相当不稳定的。现在的都市生活成本还是比较高的，衣食住行都要开销，部分人还有贷款压力，如果收入不稳定，他们是不能够安下心来工作的。通过对每一位销售团队成员家庭生活条件的调查，根据一定的比率制定合理的基本工资，比如：基本工资为大部分成员的基本生活费用的 80%，让他们生活无后顾之忧，他们才会安心下来努力工作。

第二，制定不同层次的提成比例。

对销售团队成员销售业绩进行统计分析，得出销售团队成员多数人员的工资范围。在这个范围之内，找到一个合理的薪资。比如：对于销售团队来说，80% 的人销售额在 8 万~10 万元之间，那么就可以制定 8 万~10 万元，提成比例为 1%；然后把 15 万~20 万的比例提高到 5%，这样在团队成员加一把劲完成 8 万~10 万的销售额以后，会有余力冲刺完成更高的销售业绩，争取拿到更高的薪酬。

第三，制定不同的薪酬模式。

阶梯底薪模式。通过数据统计得出销售人员的销售业绩分布段，然后根据不同分布段制定不同的底薪。比如：5 万~10 万元底薪是 3000 元，10 万~15 万元底薪是 4000 元等。

提成模式。完全取消底薪的存在，充分发挥销售人员的自我能力。通过不同的薪资差异，让销售成员感受到跟别人的差距，不懈怠，持续努力，不断进步。提成模式也要分为不同的阶段，比如：完成销售计划的 80% 提成 2%，完成销售计划 100% 提成 5% 等。

底薪 + 绩效模式。这种模式是根据销售数据统计，制定出不同销售业绩段，然后制定合理的底薪，再制定出不同业绩段的绩效奖金。比如：10 万~15 万这一阶段的销售业绩奖金为 2000 元。

底薪 + 绩效 + 提成模式。这样的组合，可以为销售人员带来更多奖励，他们努力工作的动力就会更足。

通过这些，销售主管应该能够看到，薪酬的差异能够体现员工的价值，并能够在追求价值中，激发出销售团队成员的激情。制定合理的薪资制度，对销售团队来说非常重要。

薪酬计算不能只看企业利润盈亏

很多公司常会把公司的盈亏跟员工的薪酬挂钩。当公司盈利了，员工的工资就会高些，相反，公司亏损时员工的工资就降低。这样做是相当不明智的，对员工来说，做了同样的事却得到了不同的工资，心里肯定会有想法，长期来看不利于公司发展。

2014年，对于某饮料公司来说是糟糕的一年。这一年公司的销售额已经连续几个月下滑。于是，作为销售主管的王秀，迫不得已对自己的销售团队说："公司最近销售业绩不好，导致公司收益大大降低。你们也是公司的老员工了，你们的利益应该跟公司的利益结合在一起，要与公司共进退。从现在开始，公司如果盈利了，给你们涨工资，公司亏损的话，大家的工资也要降低。"

销售团队的员工听到后，纷纷议论说："公司怎么这么不讲理呢？我们努力工作，凭什么把公司的利益绑到我们身上，如果我们个人努力，公司依旧亏损，那么我们岂不是白白努力了？"由此，大家积极性变得相当很差，在以后的几个月时间内，大家都不愿意努力跑业务了。

结果，一年以后，公司依旧没有实现盈利，无奈只能申请破产了。

对销售团队来说，销售业绩的好坏直接影响销售成员的薪资，但销售主管又把成员的薪资与公司的盈亏捆绑在一起。对公司的管理层来说，公司的利益确实关系到全体员工的个人利益，但从基层销售人员的角度看，公司的盈亏跟自己的利益联系并没有那么大，他们更关心的是自己完成了制度规定的任务，就应该拿到酬劳。销售人员更加关注的是自己个人的利益，将公司的盈亏与销售人员联系起来，显然是不合适的。

如果强行把公司的利润盈亏跟销售人员的薪资捆绑，销售人员的工作积极性就会受到严重打击，他们会认为自己不管怎么努力，都得不到应有的回报，公司对自己就是压榨，不断通过压榨销售人员的薪资来增加公司的利润。在这种情况下，销售人员不是选择离开，就是选择混日子、熬时间。

最近几个月时间，某房地产开发有限公司的销售业绩一片惨淡，公司出现了连续亏损。公司的高层领导找到了销售主管林建，对他说："现在公司处于亏损状态，应该缩减公司员工的薪资，让员工们跟公司同进退，你有什么看法？"林建说："我们这个团队不行，我们的薪资就是靠销售业绩提成，如果削减销售人员提成，会大大降低他们的积极性。"经过他艰难的周旋，最终，成功说服了领导。

很快，他召开销售计划会议，在会议上说："最近，由于我们销售部的原因，销售额持续下滑，导致公司亏损。但公司重视大家，没有影响大家的薪资制度，希望大家要明白公司的良苦用心，积极工作。"

会议后，销售团队中每一位成员都感受到了压力，但是更多的是感动和责任。大家工作都比平时更加认真和努力了。经过三个月的奋斗，公司终于扭亏为盈。

所以说，薪酬计算不能够受公司盈亏利润的影响，要让员工信任公司，就要让员工看到，公司不会以牺牲员工的利益。无论在任何情况之下，公司永远把员工的利益放在第一位。

只有将员工利益放在首位，以人为本，制定合理的薪酬制度，才能激发出员工的热情和奋斗精神，真正将他们和公司融为一体，为公司长期的发展贡献力量。

薪酬不仅仅是工资

销售主管在面试销售人员的时候，来应聘销售的人员最关心的就是工资如何算、提成怎么算等问题。他们虽然更加注重于对工资的追求，但是工资并不代表薪酬。薪酬不仅仅只包括工资，还有其他很多方面。

薪酬不仅仅是工资这一方面，还应该包括：年终奖、职位补贴、福利补偿还有社会保障等。这些一起组成了一个员工的薪酬，因此，作为公司的员工，不应该只是把自己的目光放在工资上面，更应该了解其他方面的情况。

工资是销售人员获得报酬的直接体现，而年终奖、职位补贴、福利补偿等，这些都是公司为提高员工的生活质量而制定的政策，正是由于有这些存在，才更加体现了公司以人为本的思想。对员工投入的越多，就越能增进员工对于公司的认可度和接受度。

只有让员工认可了公司，认可了团队，才能真正让员工产生归属感。有了归属感，销售人员才会安下心来，认真对待自己的工作，工作不再是熬时间，更不会混日子。

如果只是制定比较高的工资待遇，而没有其他的福利和社会保障的话，员工跟公司就只有金钱利益的关系，销售人员进行销售工作的主要目的就是拿到工资和提成。这样的话，员工就跟团队和公司没有任何感情纽带，更不会为团队和公司付出任何情感。一旦公司或者团队有什么事让员工觉得有损自己的工资和提成的话，那么肯定会因此对团队心生抱怨，对工作产生懈怠，还可能跳槽到竞争对手的企业，甚至出卖公司的核心利益。

只有健全的薪资制度，才能最大限度地留住人才。除了工资，更要注重福利和社会保障。福利能够让下属感受来自公司对人才的重视，看到他们的价值，并且让员工对公司产生感情。而社会保障则是让员工无后顾之忧，放心地在公司工作。

那么作为销售主管，除了制定合理的工资制度，对于涉及薪资的其他方面应该怎样制定呢？

第一，年终奖。

就年终奖来说，应该分为两方面：一方面是销售团队的年终奖，另一方面是个人年终奖。对于一个团队来说，只有每个人都发挥出自己的力量，才能使团队获得更好的业绩。对个人的鼓励是必需的，设置个人年终奖应该根据每个人一整年的销售业绩来核算，为了公平起见，可以按照一定的销售额度换算成定额奖金。比如规定每 10 万元销售额奖金 500 元，这样就做到了公平、合理。

团队年终奖目的就是为了鼓励团队合作，充分发挥团队的优势，让每个人都为团队做贡献，彼此互相帮助，建立起和谐的团队关系。设置的标准可以适当高一点，因为如果是简单地对团队中每一个人的销售业绩相加来定的话，其实很容易就完成了，那么团队配合的效果就减弱了，那样不利于团队建设。比如：如果销售团队成员销售业绩之和为 5000 万元，那就可以制定超过 5500 万元团队提成 50 万元。超过团队成员销售业绩之和后，团队会为了奖金，互相合作，也会提高每个成员的个人销售业绩。

第二，职位补贴。

销售人员对任何公司都是非常重要的，而且他们的工作压力和工作强度也是比较大的。所以，对他们进行适当的职位补贴是非常有必要的。补贴能够让销售人员感受到公司不但有合理的工资制度，还很有人情味，能增加员工对公司和团队的归属感。制定的标准可以根据员工每天的工作量来计算，对于那些工作量大的给予数额高一些的补贴。

第三，福利补偿。

如果公司为员工安排的每一季度或者每年的集体活动，因为员工没有时间或者是其他原因没能参加，这个时候，公司就要给予一定的补贴，补贴的标准要和参加活动员工享受到的等值。

薪酬不仅仅是工资，要制定合理的薪酬制度，不仅满足员工对于高工资的渴望，更加注重员工对于公司归属感产生的其他酬劳。在物质和心理上都满足员工的需求，那么对于销售人员来说，就会为了团队和公司做出更好的业绩，团队建设也会更加容易和牢固。

薪酬发放形式也要多元化

对大多数企业员工来说，进入公司以后，公司就会要求员工办一张银行卡，作为工资卡。每当到员工发工资时间，公司都会将薪酬全部打到工资卡上。这样发放员工的薪酬显得非常单一，可以试着将薪酬发放形式变得多元化，这样更利于员工感受到公司和团队的关怀。

薪酬发放形式多元化，指的是给员工的薪酬不是一次性的把全部薪酬按照单一的方式发放给员工，而是把其中的一部分以某种特殊方式发放，另外几部分以不同的方式发放给员工。

公司发给员工薪酬时，可以按照一定的比例，把员工的薪酬分为银行卡转账形式发放、公司产品形式发放、公司股份形式发放、现金形式发放、超市购物卡形式发放等。对员工的薪酬进行多元化的形式发放，特别是给予公司的股份，会让员工感受到公司对自己的尊重，也更能让员工产生归属感。

如果公司给员工发放薪酬只是单一方式发放，比如每个月就只有发工资那天才有薪酬，这样当员工拿到了自己的薪酬后，就会感觉这是理所应当的。他们付出了劳动，理应得到回报，甚至会产生他们那么努力提高销售业绩，结果只得到了这么一点薪酬。这样的话，对于团队的建设是非常不利的。所以薪酬发放的多元化，有利于员工和团队的长远利益，不过发放的比例一定要掌握好，否则就会出现问题。

作为销售主管，怎样合理安排多元化的薪酬发放比例呢?

第一，以现金和转账等形式的发放。

这是要占绝大部分的。员工辛辛苦苦工作，对于金钱来说是相当渴求的。这不仅仅是因为需要满足生活消费，更重要的是要体现自身价值。这部分比例最好不低于总薪酬的 80%。

第二，以购物卡的形式发放。

这种形式的比例适当小一点，最好在 5%以下。员工一般都是倾向于自由消费的，因此对于购物卡来说只是起到促进的方式，比例小一点能让员工不那么反感。

第三，以公司产品的形式发放。

公司产品相对来说是非常多的，如果想要员工都一次性体验，显然是不现实的。可以慢慢来，一次一样或者两样，不过比例一定要小，最好不超过总薪酬的 1%，太多的话，员工会觉得公司没有诚意，拿自己的产品顶替工资，而自己根本不需要这些产品。

第四，以公司股份的形式发放。

这种形式能够充分激发员工的参与感，增进员工与公司的联系和感情。通过持有公司的股份而成为公司的股东，甚至参与一些方案的决策之中去，能够让员工感觉自己与公司的命运是紧紧相连的。这种形式也有利于公司的资金运转，加大公司对产品生产、研发和运营的投资力度。这部分最好占总薪酬的 15%左右。

薪酬发放形式多元化，不仅使员工得到了更多的发展机会，还能使公司也得到更好的经营环境。员工参与团队建设、参与公司发展，团队就会更有活力，公司也能更有竞争力。

薪资升降严格按照公司章程

“无规矩不成方圆”，做什么事情都要有一定的制度规定，这是保证公平的基本准则。对一个公司来说，薪资待遇永远是一个敏感的话题，也是一个焦点问题，员工的薪资升降也应该严格按照公司有关规章制度，这样才能有说服力，否则员工就会产生异议，甚至对公司产生敌对心理。

作为销售团队中的一员，在经过自己的努力以后，都希望自己的薪资能够涨一些。在这种心理的作用之下，很多团队成员都会主动找销售主管，要求提高自己的薪酬。在这种情况下，有些主管有时候会凭自己对员工观察后的主观判断，根据业绩进行适当的调整，这样的做法有些随意，还是应该按照公司的章程来办事。

还有一种情况，一些销售人员由于自己的业绩还可以，能够完成销售主管设定的销售计划，而且平时使出自己的各种技能来讨好主管，比如经常奉承主管，很得主管的信任和喜欢。工作一段时间以后，找到销售主管，要求加薪，主管出于私心，给他加薪的幅度很大。这样做的后果是非常严重的，会让团队成员对主管产生不满，在团队中形成极其不好的风气。

林志担任一家袜子生产厂销售主管，他的销售团队中有一个叫王贺新的销售，每次林志安排好销售任务后，他总是能认真对待，遇到困难经常来向主管咨询。因此，林志非常看好他。王贺新也很会讨好林志，隔三岔五就会买一些茶叶、土产什么的给林志。

半年以后，王贺新向林志提出了涨薪的要求，林志也没考虑，给他涨了很多工资。不久以后，团队中其他人听说了这个情况，大家都感觉不公平。于是，其中一个人就写了一封举报信，向公司领导举报了林志的行为。

很快，公司领导经过核实，找到林志，对他狠狠批评了一顿，并且免去了他的主管职务，降为普通销售员工。

关于薪资升降这件事情，每一个团队成员都是相当敏感的。只要是牵涉到这件事情，很容易形成相互攀比的心理，互相比较谁的贡献大，理应得到加薪。这时，主管就要用规章制度进行有理有据的升降，否则在攀比心理的作用下，不合理的加薪成员就会遭到大家一致的敌视和排挤，这样团队就会出现很多不和谐因素，比如员工之间私下里面互相较劲、互相看不起，甚至拉帮结派，彼此不愿意合作，制造矛盾等。如果形成这种风气，对团队的建设和公司发展将会带来毁灭性打击。

严格按照公司的章程，对销售人员进行总体考核，根据具体的考核成绩来规定升降。这样即使是对于升降薪极度敏感的团队成员，也挑不出主管的毛病。这样做，一是让成员看到了主管的大公无私，二是增加了成员对于公司执行规章的信任程度。

那么，公司关于升降薪制度的章程制定，应该包括哪几方面，才能更加合理并使人信服呢?

第一，绩效考核。

对于销售部门来说，自己的销售业绩就是对公司的贡献。只有让公司获利了，才能给员工更多的报酬，因此，绩效考核是一项最重要的标准。关于绩效考核方法应该怎样去制定，可以实行等级标准制度。比如：能够完成销售任务，并且超过销售额20%的定为优秀；能够完成销售任务及能够超出一部分的定为良；不能完成销售任务的定为差。

第二，出勤率。

很多公司对于出勤率都很重视，原因就是这能够表现出员工对于自己工作的态度。热爱这份工作并且愿意为工作而努力的人，出勤率基本都是 100%。

第三，团队贡献率。

只有发挥出销售团队的集体力量，才能让销售业绩更加突出。个人的力量毕竟有限，要想发挥出集体的力量，就要给团队分配团体任务。然后，统计每个成员的销售业绩，计算出团队贡献率。这是团队长期发展必要的基础。

第四，制定评估总体执行标准。

把绩效成绩、出勤率、团队贡献率按照统一标准换算成分数，比如：这三项满分都为 100 分，根据具体情况获得积分，然后按照出勤率占比重 80%，其余两个各占 10%，加权计算出总分。然后制定各分数段的升降薪标准，比方说：80 分~90 分升薪 2000 元，70 分~80 分升薪 1000 元，50 分~60 分降薪 500 元等。

第五，升降薪制度执行时间。

不规定具体的升降薪时间，员工就没有目标，而没有目标的员工，就不会有奋发向上的动力的。因此，需要让员工知道薪资调整的时间，比如规定每半年对员工工资进行一次调整。

只有制定出合理的升降薪章程，才能让员工清楚自己应该怎样做，不应该怎样做，并且激励员工不断进步，提高团队的竞争力。

不能忽视团体能力而盲目加薪

在团队的建设中，千万不要因为一个人的成绩特别优秀，而盲目地给这个人加薪。特别是销售团队，虽说一个人的销售业绩可能超过团队中的其他人，但就因此而加薪，对团队建设来说是极不明智的。一个人能力再强，离开了集体也不一定能做好，而团队的力量永远比一个人的力量要大。

穆赐是一家化妆品制造公司的销售部主管，在很长一段时间内，在他的带领下，团队取得了很好的销售业绩，多次被公司领导表扬。

最近，为了实现更高的销售业绩，他给团队成员制定了远远超出平时他们成绩的销售任务。一个月过后，团队中很多成员都没有完成计划销售任务，只有李成完成了销售计划，穆赐非常高兴，立马给他加了2000元的底薪。团队中的其他成员对此非常不满，但是迫于没有完成任务，并没有人提出意见。

很快，李成的业绩有了更大突破，但是团队的总销售业绩却没有什么提升。

当销售团队中，某一个人因为销售业绩突出，主管就给他加薪，虽然主管的初衷是鼓励他继续努力，创造出更好的销售业绩，同时激励团队成员向优秀者看齐，但对团队中的其他成员来说，他们并不会这样看，更大的可能是会产生抵触和嫉妒的心理，认为他们也给团队做出了贡献，而且可能还给那个因为业绩突出而得到加薪的人提供了不少帮助，凭什么只给他加薪，我们的付出都是徒劳的吗？在这种心理的影响下，销售主管再给他们布置任务时，他们就会产生抵触情绪，加了薪的员工自然更加卖力，但团队整体工作的积极性却因为个别人的加薪而下降了，导致整个团队总体销售业绩下降。

对于销售团队来说，个人能力确实是非常的重要，因为这个岗位相较于其他岗位独立性更强。销售人员可以自己建立自己的客户体系，完成一个又一个销售任务，但这并不代表就可以忽视团队的整体力量，他们只是发挥了自己的作用，力量终归有限，如果能够充分发挥团队的能力，成员之间优势互补，资源共享，所爆发的能量是个人无论如何都无法企及的。

那是否意味着当销售团队中的某个成员为团队做出了突出贡献时，销售主管不应该给予奖励或加薪呢？当然也不是，只是有几点需要特别注意。

第一，鼓励为销售团队做出重大贡献的成员，并公开表扬。

成员销售业绩做得很好时，主管应当给予充分肯定，并且鼓励其再接再厉，更上一层楼。这是对他的高度认可，在心理上满足了他的成就感。而仅仅是心理层次的满足还不够，记得给予金钱上的奖励，这种物质奖励最好不是底薪加成，而是一笔与贡献相匹配的奖金或特殊的福利待遇，这也是一种加薪。

第二，实行整体分层加薪。

团队取得了成绩，为了鼓励成员继续努力，就要给他们物质上的满足。这种满足必须存在差异，才能保证公平、合理。比如：对贡献比较大的几个销售成员加薪 3000 元，对其他成员加薪 2000 元。当然，这里说的加薪，依然是奖金形式，不是底薪上涨。这样既能表现出主管照顾到团队中的每一个人，又能让每个人看到他们的价值和差距，促使他们积极向上，形成良性竞争。

第三，加薪要动态平衡。

有的销售主管，为了获得更好的业绩，往往只要取得成绩就盲目地给团队成员加薪。虽然调动了成员的积极性，但是给公司增加了负担。因此，加薪要动态平衡，根据具体销售业绩来进行执行，比如：这个月销售业绩很好，就适当加薪；销售不好的时候就适当缩减加薪的幅度。

总的来说，加薪对团队成员积极性的提高有很大帮助，但绝对不可以盲目加薪，要根据实际情况制定合理的薪资升降制度，才能更加有效的管理团队，释放出团队的能量。

根据岗位特殊性实施弹性薪酬制

一个公司中有很多岗位，对于不同的岗位薪资待遇也不同，这是由工作性质不同决定的。对销售团队来说，薪酬是不固定的，要根据团队成员的销售业绩来定，实施弹性薪酬制更利于团队的进步和发展。

销售是一个特殊而残酷的岗位，充满了竞争，同时也充满了淘汰。每个人只有不断努力提高自己的销售技能，才能给团队创造销售业绩，给公司带来收益，这些都是短期内就能见效并且可以直观看到的。不像有些岗位，并不能在短期内或者直接对公司产生收益，比如技术研发岗位，这些岗位只能根据对公司的重要程度来制定薪资。

正是由于销售主管能够直接看出团队成员每个月的销售业绩，也就是对团队和公司的贡献，所以销售岗位才能够按照对团队和公司的贡献率来制定薪酬制度。这就形成了销售岗位需要实施弹性薪酬制的必要性。

如果对销售岗位的员工也实施固定的薪酬制度，成员就不会产生任何压力和激情，相反会助长懈怠和懒散的情绪。销售主管给每一个成员下达每个月的销售任务，如果完成任务跟完不成任务都是一样的薪酬，那任何成员都不会有工作动力去完成任务。这样的团队也难有发展，就会人浮于事，不思进取。

销售团队执行弹性薪资制度，能够充分调动团队成员的积极性。在薪资跟销售业绩相关联的情况下，那些本身销售能力很强的成员，就会抓住机会，力求把业绩做到最好，拿更高的薪酬。而那些能力一般的人，也会在弹性薪资的激励下，挖掘自身的潜力。这样的话，整个团队就会变得非常有竞争力，销售业绩自然也会越来越好。

作为销售主管，应该怎样制定一个合理的弹性薪资制度呢？

第一，统计和分析销售团队成员的销售业绩。

对团队成员的销售业绩进行统计，统计出从他们入职后到现在每个月的销售业绩。然后制成一个表格，通过表格就能看出他们销售整体业绩大概是多少。对于那些入职时间很短的员工，可以根据业绩统计进行合理的预测。在掌握了销售团队成员的销售能力后，就可以当作制定薪酬制度的重要参考数据。

第二，对市场规模的合理预测。

市场是销售的风向标，只有顺着市场规律来，才能准确把握销售的内涵，实现利益最大化。对市场规模进行合理预测，首先要深入了解市场，比如成立一个市场调研小组进行市场调查，然后得出市场规模的初步数据，最后查询相关国家政策和权威数据，合理对市场进行预测评估。

第三，结合销售团队成员的销售业绩和市场预测制定薪酬制度。

举个例子，如果销售团队大多数成员的销售业绩在 50 万元左右，那么就可以适当地制定薪酬制度是 5000 元底薪 + 超过 40 万元部分提成 1%。另外，经过公司的预测，在最近半年内，公司的产品市场前景会很好，市场规模可能不断扩大。这时，就可以适当提高提成最低销售额。相反，如果公司预测未来市场前景不好，市场规模缩小，那么就可以降低一定的基本工资，提成适当提高，比如基本工资 3500 元，超过 40 万元部分提成比例为 2%。

在面对销售团队制定薪酬制度时，要根据成员的具体情况，制定合理的弹性薪酬制度，激发团队激情，让团队销售业绩更加出色。

营造积极的薪酬激励氛围

销售团队中，每个人都渴望能获得更高的薪酬。因此，他们会通过不断努力去提高业绩。但在没有外界压力的影响下，渐渐地这种氛围就会越来越淡。销售主管要做的，就是为成员营造积极的薪酬激励氛围，保证成员能够时刻处于被激励的状态之下，时时刻刻保持精神紧绷，不至于松懈。

2015年，一家电动车制造有限公司刚刚上市了一批新款电动车。由于采用了新的技术和外观设计，看起来又美观，续航里程又长，一经上市立刻好评如潮。销售主管林进兴决定激励销售团队，抓住这个机会，提高销售业绩。

不久，他就召开会议，在会议上说："由于近期公司产品卖得很好，因此，为了鼓励大家，我决定，这个月能够完成1000万元销售业绩，下个月的薪酬制定，你们可以参与。如果你们的意见合理，就可能被采纳。"

听到这个消息之后，团队中的每一个人都很兴奋，激情满满，经过团队的集体努力，一举完成了销售任务。

在长期的工作过程中，销售团队成员会逐渐认识到自己的销售能力。在这种情况下，如果薪酬制度不发生变化，他们会觉得反正自己的销售能力就这样了，每个月拿到的薪酬都差不多，他们就不会再努力去工作，因为薪酬制度的激励作用已经越来越小了。在这种情况之下，团队的薪酬激励反而制约了团队成员的提高。

销售主管如果不能给销售团队的成员营造出一个积极的薪酬激励氛围，团队成员就会失去追求更高薪酬的热情和动力。所以说，销售主管要让团队成员感受到浓厚的薪酬激励氛围，调动他们对于追求高薪酬的渴望，重新从无所谓的状态中走出来，重新融入销售团队这个整体中去，在团队中互相影响，为实现个人目标和集体目标贡献力量。

作为销售主管，应该怎样为销售团队营造积极的薪酬激励氛围呢？

第一，要不断调整团队成员的薪酬制度。

一成不变的薪酬制度，会让销售团队中的每个人感到厌烦。他们整天计算着自己的薪酬度日，没有意外，也没有惊喜。渐渐地，也就失去了对薪酬的渴望。不断调整的薪酬制度，能够让团队成员看到希望，看到能够通过努力实现薪酬的提升，甚至是由于害怕自己落后而发奋努力，实现突破。比如，销售主管可以在薪酬制度中规定，每一个季度评选出销售业绩最差的 3 位成员，降薪 10%。

第二，薪酬制度的制定要让销售成员参与进来。

销售主管制定的薪酬制度，不一定适合大多数人。所以，在制定薪酬制度时，要让团队成员参与进来，听听他们的意见。他们能够提出自己的具体诉求，根据他们的具体情况而制定薪酬制度，才能符合大多数团队成员的“口味”。而有团队成员自己参与制定的薪酬制度，在执行的过程中更有说服力，激励作用也更强。

第三，执行要及时。

对有些销售主管来说，有已经制定好的薪酬制度，但因为种种原因，就是不能落地执行。在这种情况下，成员会很反感主管的这种做法，积极的薪酬激励氛围也会丧失殆尽。所以，无论遇到什么情况，制定好的薪酬制度一定要及时执行，切不可拖延或敷衍。

前途+钱途=最有效、最持久的激励

销售主管都知道，一个销售员加入一家销售公司工作，只有两个目的，一个是赚到钱，另外一个就是职业发展前途。前途对于那些职位低的销售人员来说非常重要，因为这影响着他们长期付出后的职业发展。只有让他们看到职业方向是清晰和明确的，他们才会有动力和激情去奋斗。如果看不清楚发展方向，甚至根本没有方向，所有的工作就是为了完成任务，那他们将失去很多工作的意义，会陷入迷茫之中。

看不到前途，留在公司工作就变成纯粹混日子，干一天算一天，没有方向，也找不到动力，变得死气沉沉。如果销售团队成员都是这种状态，何谈业绩和团队发展呢?

工作的目的，一是实现物质层面的收获，更重要的是实现自己的人生理想和价值。这两者不是矛盾的，而是相辅相成的。空谈自己的前途，而不去顾及自己的“钱途”是不行的，没有物质的保障，哪来的前途可言。同样地，只谈“钱途”，不谈前途，也是不行的，没有前途的工作，整天只是机械地重复做同样的事，时间久了，人会走向崩溃。

那么销售主管应该做些什么，才能兼顾成员的“钱途”和前途呢?

第一，将前途跟能力结合起来。

在合理的薪酬制度下，当销售成员的销售业绩能够不断提高，他们的能力也就变得越来越强，这时，作为主管就要考虑将他们的能力与前途相结合。每个团队成员都渴望得到职位晋升、更高的岗位薪资、更高的权限或更多的资源，让他们有机会登上更高的舞台。当他们足够优秀时，此时来自主管的提拔或授权，能让他们感受到一定的权利和自由，让他们体会到主管的重视，感受到自己的前途一片光明。

第二，将前途和“钱途”相结合。

当销售成员的能力和薪酬有一定的提升之后，就要将这两者结合在一起了。如果只是职位提升而不提升薪酬，那就会给团队造成不和谐因素。所以，要将这两者结合起来。比如：规定他负责的小组为公司实现多少销售业绩后，才可以根据制度提升职位。

总的来说，要培养一个优秀的团队，就要兼顾团队成员的前途和“钱途”，制定合理的薪酬制度和晋升机制，让团队时刻处于活跃的氛围之中，才能领导好团队。

07

硬性考核，让成员拿业绩说话

对销售团队成员进行业绩考核，能够看出团队每一个成员一段时间的表现，以及判断目前的工作状态是否良好。但这并不意味着给了销售主管一个挑团队成员毛病的机会，如果借考核之名严厉批评团队成员，也就失去了考核的意义。

帮助绩效不达标的下属完成任务

在销售团队中，很多销售主管对于团队的成员不管不问，他们认为团队成员完不成销售目标，绩效考核不达标，是销售团队成员自己的事情，跟主管没有任何关系。这种想法是错误的，团队是一个整体，而主管就是这个团队的领导者，必须对成员负责，及时帮助绩效不达标的团队成员找到原因，解决问题，完成任务。

绩效考核，在很大程度上能够真实反映出团队成员的工作状态和能力，将成员的缺点和不足暴露出来。提高团队的销售业绩，需要将这些已经暴露出来的问题及时解决。如果每个团队成员的能力都提高一点，那整个团队的力量就会大很多。团队成员暴露出来的问题，通过个人来解决，往往需要很长时间，这对个人的进步不利，对团队的快速发展也是不利的。因此，主管要帮助绩效不达标的下属，帮助他们解决问题，完成任务。

如果主管对那些业绩垫底的成员毫不在意，或是直接辞退，或是施以高压，那团队成员可能会因为无法承受，导致压力过大，积极性下降，最终导致业绩继续变坏。当成员看不到进步的希望时，就会选择离职。

因此，当通过绩效考核，发现团队成员所存在的问题后，主管要帮助那些销售业绩不达标的成员，给他们一些指导，帮他们完成任务。在帮助成员完成任务的过程中，那些成员能快速学会很多实用的技巧和方法，快速提高自己的销售能力。同时，主管在参与团队成员提高的过程中，会更了解他们，并且加深跟他们之间的感情，这样在领导团队的时候，就会产生非常积极的作用。

主管该怎么做才能帮助绩效不达标的团队成员完成任务呢？可以从以下方面着手。

第一，再培训。

俗话说："万丈高楼平地起，空中楼阁终成梦。"基础的重要性不言而喻，打好基础，成功才能有保障。那些绩效考核不达标的团队成员，大多数还是销售的基础技能没掌握好，基本功不扎实，导致业绩无法完成。此时，销售主管将那些团队成员不达标的原因进行总结，然后针对这些问题，可以请团队中的销售精英或是培训讲师，对绩效考核不达标的成员进行统一培训。

第二，为他们提供优质的客户资源。

开发新客户，是保证业绩增长的原动力。很多销售团队成员遇到的正是由于不能开发新的、优质的客户，只能继续靠老客户来支撑业绩，这就失去了增长的原动力。最终，老客户潜力渐渐被挖掘殆尽，甚至是慢慢失去那些老客户，导致业绩根本没法完成。

销售主管往往能够在工作中接触并且认识一些优质潜在客户，这些潜在客户大多只需要销售成员稍作讲解就可以成为真正的合作客户。把这些优质的客户资源介绍给那些业绩不能达标的成员，让他们通过自己的销售能力去说服客户，这样就能帮助那些业绩不达标成员完成销售业绩，也能锻炼他们的销售能力并树立他们的信心。

第三，帮他们制定一个小目标并设置奖励。

很多绩效考核不达标的团队成员，往往都是因为压力过大，目标离他们过远，觉得以现在的实力根本没有办法完成，继而失去信心，然后开始变得懈怠甚至自暴自弃。一旦产生这种想法，销售业绩是很难完成的。

想要改变销售成员的这种思想，就要让他们看到希望，最好能把大的销售目标分解成若干小目标，让团队成员看到每一个小目标都不难实现，这样才更有动力。并且需要制定奖励政策，每完成一个小目标就会得到奖励。这样对于那些绩效考核不达标的成员是一种巨大的鼓励，在这种鼓励之下，他们会完成一个一个的小目标，最终就能完成那些他们原来不相信自己能完成的大目标。

第四，实行团队帮扶制度。

“一个好汉三个帮”，对于销售团队中无法完成绩效的成员，如果没有别人的帮助，那更不可能达标了。因此，想要让这些人完成销售业绩，最好的办法就是让团队中的其他人帮助他们，主管可以制定一个帮扶制度，规定团队中那些优秀者每月帮助不达标的成员，教授他们一些技巧，帮助他们完成业绩。当然，这种帮助最好为那些优秀者设置一些奖励，比如他们帮不达标的成员完成了多少，可以按一定比例折算成自己的绩效，这样他们就更有动力去帮那些不达标的成员了。通过这种制度，不但团队中的销售精英利益不受损失，绩效不达标的团队成员也可以快速进步。

总之，作为销售主管，想要带领好销售团队就要帮助那些不达标的成员完成业绩，让团队成员整体提高，展现出主管对于团队成员一视同仁的胸怀。提高领导团队能力，带好团队。

绩效考核不是戴“紧箍咒”，而是服“兴奋剂”

对销售人员来说，销售任务的压力已经够紧张了，如果再对他们的绩效进行考核，无形之中又给他们增加了压力。绩效考核不应是戴“紧箍咒”，而是服“兴奋剂”。

绩效考核是指在制定了销售目标以后，运用制定好的标准，对销售人员的工作行为和取得的销售业绩进行评估，然后运用评估得到的结果，对销售人员以后的工作行为和销售业绩进行正面引导的过程和方法。

如果没有绩效考核，销售主管就没有办法清楚地知道每一个团队成员的工作情况和销售业绩；没有办法合理使用人才，也没办法合理分配销售任务，无法充分发挥团队成员的才能。同时，绩效与奖励和薪资的升降直接相关，如果绩效考核数据不清晰，势必会在团队内部产生不公平，产生不和谐因素，这对主管领导团队非常不利。

对销售团队中的成员进行绩效考核，从结果报表中，销售主管能够看出销售人员的能力和工作状态。这对于主管抓住重点问题，及时进行调整很有帮助。比如：对于销售业绩好的销售人员，可以适当进行奖励和加薪；而对那些工作努力、业绩不断提升的后进销售人员也要给予适当鼓励。能够时时得到团队成员的信息，不仅能够提高主管的管理能力，还能起到对团队成员进行监督的作用，促使团队成员紧张起来，去积极工作。

07 硬性考核，让成员拿业绩说话

看似绩效考核对于本身压力比较大的销售人员来说是“紧箍咒”，但没有压力就没有动力，不了解自身存在的问题，如何获得提高？只有通过绩效考核，让销售主管和销售团队成员对自身的能力和工作状态都有所了解，才能克服实际困难，实现突破。所以说，销售业绩对销售团队的成员来说应是服“兴奋剂”。

那么作为销售主管，应该怎样进行绩效考核呢？可以参考下例做法。

第一，对销售业绩进行考核，总分为80分。

对销售业绩的考核主要包括：销售额、新开发的客户数量、客户的流失率、培训业务员、客户投诉解决率。

销售额40分：假定团队目标是500万，然后把这个目标分给销售团队中的每一个人。计分标准为：完成销售任务不扣分，完成90%扣10分，以此类推。

新开发的客户数量10分：假定每个月开发新客户的数量为5个，那么就可以规定每少开发一个，就扣掉2分。

客户的流失率10分：假定每个月的客户流失率不能超过1%，超过一个千分点扣1分。

培训业务员10分：假定每个月最低培训3个人3个课时，少培训一个扣1分。

客户投诉解决率10分：假定每个月最低解决20个投诉，完不成几个，扣几分。

第二，对销售人员的行为进行考核，总分20分。

对销售行为的考核主要包括：销售报告、工作态度、团队精神。

销售报告5分：每个月按时上交销售报告，没有及时上交的，延迟一天扣1分。

工作态度 10 分：严格遵守团队的规章制度，每违规一次扣 2 分。

团队精神 5 分：积极帮助团队成员，配合主管进行工作，不配合一次扣 1 分。

在这样的销售业绩考核制度中，销售主管可以清楚地看到，团队成员在哪一方面有问题，然后提醒团队成员应该如何改正。在主管的监督下，效果一定比让他们自己认识并改正的效果要好得多。所以说，对团队成员绩效进行考核，不是给他们戴“紧箍咒”，而是给他们服“兴奋剂”。

禁止下属说“没有功劳，也有苦劳”

在公司中，当下属没有完成任务，销售主管往往会对其进行严厉批评，然后命令他必须完成任务，否则就如何如何。为了不让自己在主管面前失面子，那些没能完成任务的员工往往会说：“我没有功劳，也有苦劳。”

某净化器生产有限公司销售部主管王涛，把销售团队中的一位下属叫到办公室。王涛对他说：“这个月你的销售业绩怎么这么差，平时你可不是这样，是有什么原因吗？”下属说：“没有什么特殊原因，这个月我也尽力了，没有完成任务我承认是我的错。”王涛说：“那么这个月的奖金要扣掉，下个月你一定要完成销售业绩。”下属辩解说：“凭什么啊，我没有功劳，也有苦劳，你不能这样对我啊，主管。”

听到下属这么说，王涛心也软了下来，就说：“好吧，这个月奖金就不扣了，下个月你注意点。”走出办公室，下属心里非常高兴。结果，下个月他依旧没有完成销售业绩。

销售团队中，有这样一些人，他们已经在团队中待了很长时间了，渐渐失去了对销售业绩的追求，反而自己的存在感加强了，总以为自己就是销售团队的元老，即使不努力，主管也无可奈何。这种思想就是导致他们不求上进，完不成任务还打感情牌的根源，一句“没有功劳，也有苦劳”，就想把他们在团队中混日子的状态敷衍过去，让那些辛勤付出的成员为他们的不努力买单。

对于这种人，很多销售主管都会因为种种因素而选择原谅他们，其中最重要的因素就是顾及他们身为老员工的面子。但是，主管的宽容，并不意味着他们就能明白主管的良苦用心，而去努力改变，实现销售业绩的提升。相反，他们往往会得寸进尺，倚老卖老，继续不完成销售任务，挑战主管的权威。这不仅不利于主管对团队的领导，更重要的是严重影响销售业绩，损害公司的利益，毒害团队的风气。

无论是新员工还是老员工，说“没有功劳，也有苦劳”，其实都是不负责任的表现，因为这是他们为自己开脱的说辞，他们不敢承认过错，也无法正视自己的问题，这种思想对做出改变是不利的。只有当他们不去为摆脱责任而诉苦时，才能真正懂得什么是应该承担的责任。这时，才会想办法去解决困难，来实现成长和提高。

那作为销售主管，怎样才能从根本上杜绝下属说“没有功劳，也有苦劳”呢？

第一，要教销售团队成员学会承担责任。

责任是每一个团队成员都应该承担的，没有责任也就没有了压力，就会变得懒惰和不思进取。既然选择了销售这个职业，就应该明白自己岗位的重要性，自己的销售业绩会直接影响公司的利益。遇到困难就退缩的人，就是将本该自己承担的责任推给了团队，问题没有解决，目标没能实现，只会说自己已经尽力了，这是没有任何意义的。面对责任，畏惧和退缩是最不可取的态度。

不管困难如何艰巨，首先想到的应该是迎难而上，沉着应对，纵然无法克服，也能收获宝贵的经验。而“没有功劳，也有苦劳”的思维，对团队来说是最低级的行为逻辑，完全是一种推脱责任的借口，一旦在团队中形成风气，那整个团队的进取心就会大打折扣。主管在平时可以给团队成员讲一些关于责任的故事，或者带领团队参加野外训练，来磨炼团队攻坚克难的气质。

第二，要帮团队成员找回自信。

帮助团队成员找回自信，才能让他们有信心去战胜困难，不因为畏惧困难，而去说“没有功劳，也有苦劳”这种推卸责任的话。在帮团队成员找回自信过程中，可以多使用赞美夸奖法，比如把下属的辉煌业绩说出来，并且在战略上藐视眼前的困难；还可以用对比刺激法，比如对一些业绩和能力相当的销售人员使用“激将法”，让二者良性竞争，进行业绩排名，来带动整个团队的积极工作氛围。

第三，帮助他们寻找解决问题的办法。

有时候，下属是真的遇到了非常棘手的问题，靠自己的能力解决不了，所以只能说自己尽力了，所以才会强调自己的“苦劳”。遇到这种情况，销售主管要细心甄别，然后帮下属分析遇到的困难，为下属找到克服困难的方法，一起攻克难关。

总之，“没有功劳，也有苦劳”这种消极的话，就像毒瘤一般，一旦在团队中扩散，后果不堪设想。主管在团队管理过程中，要让下属勇于承担责任，有足够的自信战胜困难，实现业绩提升。

激励原则：不轻给、不滥给、不吝给

销售主管想要让销售团队更具有竞争力，提高他们的积极性，就要及时给予团队成员好处，制定激励制度。所谓“重赏之下，必有勇夫”，激励措施就是给团队成员好处，在这些奖励的鼓舞之下，团队成员会更加团结和努力，做出更高的销售业绩。但激励也要讲原则，如果激励措施无节制、无章法，那样可能无法收到正向反馈，甚至让激励措施沦为制造团队矛盾的根源。

销售主管不轻给团队成员好处，设置合理并且有一定难度的目标，从而激励团队成员，肯花时间、下功夫去完成目标，最终达到销售主管预期的效果，让团队成员快速提高和进步。如果激励措施的使用频率过高或太过随意，那对团队成员的刺激作用和吸引力都将大打折扣。

销售主管不滥给团队成员好处，分清楚团队中哪些是真正认真工作、努力上进的，哪些是敷衍、搪塞、混日子的。鼓励那些真正为团队做出贡献的成员，“把好钢使在刀刃上”，真正帮助和鼓励那些有潜力并且努力上进的团队成员。

销售主管不吝给团队成员好处，这一点很好理解，并不能因为团队业绩不好或者为公司减少支出，就吝啬使用激励。将好处真正用到值得的人身上，既有精神鼓励，也有物质刺激而且奖励要有一定的分量和价值，这样，在双重鼓励之下，团队的积极性才能更充分地激活，能让团队发挥出更大的战斗力。

销售主管给团队成员好处，只是鼓励团队成员的一种方法，只能起到一定的辅助作用。要想真正让团队活跃和充满竞争力，还得从奖励制度上入手，制定一个合理、有效、常态化的奖励制度，让团队成员有制度可循。

那么销售主管应该制定什么样的奖励制度呢？可以参考以下做法。

第一，销售业绩分档奖励法。

从下表中我们可以更直观地了解分档和奖励该如何设置。

销售员	完成销售额（单位：万元）	奖励（单位：元）
销售精英	200	5000
销售骨干	100	3000
一般销售员（工作超过2年）	50	1000
一般销售员（工作1年以上不超过2年）	30	500
一般销售员（工作1年以下）	20	300

分档奖励法不但可以把销售团队中的每个人都分成不同的层次，而且把销售额和奖励金额也分成了不同的层次。这样主管就可以把不同层次的人和销售金额和奖金对应结合起来。

俗话说："干多少活，吃多少饭。"在这种思想的影响下，做到自己能力范围之内的极限，这就是充分发挥自己的实力了。对于一个团队管理者来说，能够将团队现阶段的极限效能发挥出来，是最理想的管理结果。

第二，按销售额进步大小进行奖励。

销售员	提升销售额（单位：万元）	奖励金（单位：元）
销售精英	20 以上	2000
销售骨干	15 以上	1500
一般销售员（工作超过 2 年）	10 以上	1000
一般销售员（工作超过 1 年不满 2 年）	5 以上	500
一般销售员（工作不超过 1 年）	3 以上	300

销售团队最重要的是销售额，只有让团队的销售额不断提高，才能让成员的收益越来越大。而销售额的提升靠的是整个团队每一个人，如果每一个人的销售额都有所提升，团队总的销售额自然就会有显著提高。

按销售额进步大小进行分层奖励的制度，就可以照顾到团队中的每一个人。只要销售人员有进步，无论位于哪个层次，都能得到相应的奖励。

第三，团队互助奖励。

一个人不管再怎么努力，能力毕竟有限，不可能一直提高，所以才需要团队合作互助，来不断刷新销售业绩。因此，销售主管要制定团队互助奖励，让团队成员间不仅有良性竞争，还有互相合作、共同进步。

比如，销售团队中销售业绩比较好的团队成员，只要帮助团队中销售业绩较差的人提升一定业绩，就可以根据提升的业绩得到 1% 的奖励金。这样优秀的头部员工就有动力“传、帮、带”那些业绩较差的尾部员工，而业绩差的成员也能快速进步，团队之间形成良性互动，共同提高。

销售主管想要带好销售团队，一定要用好激励措施，适当地给团队成员好处，并且也要制定合理、有效的奖励制度，这样才能从根本上激发团队的活力，让团队中的每一个成员发挥能力，完成销售任务。

建立对事不对人的执行文化

销售团队最重视的是结果，只有做出了成绩，取得了销售业绩，才能实现团队的价值。销售过程不是最重要的，作为主管，要抓结果，建立起对事不对人的执行文化，才能让团队更加高效。

立锋刀具制造有限公司销售主管蔡进江这天听到下属跟他报告说："最近有好多顾客投诉，他们都说销售人员态度太差了，影响了他们的消费体验。"听到这个消息后，他向下属说："你去查一下这些客户都是谁接待的，把结果告诉我。"

过了几天，结果出来了，蔡进江看到投诉最多的是销售员许秦。于是他把许秦找来，对他说："你是怎么回事，客户投诉你态度差，影响了他们的体验。"之后狠狠批评了他一顿，许秦知道错了，因此也不敢多说什么。

可是过了一段时间，公司还是接到了很多投诉相同问题的事，这次是别的销售人员所为。

在销售团队中，某类错误可能很多人都会犯，但是俗话说："法不责众"，往往主管会让其中某一个或几个人承担责任，这就是对人不对事的做法。结果就是因为这件事而受到处罚的那些人很快就改正了错误，并且取得了进步，但团队中其他人身上的同样问题依然存在，治标不治本，无法从根本上杜绝同类事情的再次发生。

主管在处理下属犯的错误时，如果不建立起只对事不对人的执行文化，对于销售团队来说，那些犯了错误但是没有受到处罚的团队成员就会心存侥幸，甚至毫无知觉。因此，根本不把已经发现的错误放在心上，后果可想而知。

那么销售主管应该怎样做才能建立起对事不对人的执行文化呢？

第一，主管控制好情绪。

情绪在很大程度上决定了一个人的表现，一个被情绪左右的人很容易做出错误的决定。特别是作为决策层，更应该学会控制情绪。当团队成员犯了错误，不要放纵怒火，对成员大肆批评甚至责骂，这些都只是情绪的释放，根本不能解决问题。控制情绪，注重事情的结果，然后评估造成的损失，冷静分析事情的原因，总结出应该怎样去避免此类事情再次发生的方法，这样才是最好、最有用的应对方式。

第二，要学会全面分析团队成员。

一个人的功过价值，不能只看某一件事情就轻易下结论，这样做极其不明智，也是不正确的。要正确分析一个人，就要多角度、长时间来看，既要看到别人的优点，也要看到缺点。这样才能给一个人比较合理、公正的评价。当团队成员犯了错误，要多想一想他的优点和过往的成绩，给予客观公正的评价，避免因为一次错误而全盘否定。

第三，学会原谅，把受教范围扩大到整个团队。

任何人都不是完美的，都是会犯很多的错误，错误只能尽可能避免，不可能杜绝。因此，团队成员犯了错误，主管要放平心态，学会原谅。一个错误往往很多人都会犯，把经验和教训讲述给整个团队，让每个人都受教，对事不对人，就能让类似的事情真正杜绝。

总的来说，要想真正让销售团队不犯同样的错误，主管应该在团队内部建立起对事不对人执行文化，让每个人都能感受到来自主管的胸怀和睿智，提高主管的领导力，更好管理团队。

考核不是挑毛病，重视辅导沟通才能提高效率

对销售团队成员进行业绩考核，能够看出团队每一个成员一段时间的表现，以及判断目前的工作状态是否良好。但这并不意味着给了销售主管一个挑团队成员毛病的机会，如果借考核之名严厉批评团队成员，也就失去了考核的意义。

对销售团队进行考核，是为了从多方面分析团队中每一个销售人员的优缺点，让团队成员不只看到自己的成绩，也能发现自己的毛病，这样才能为团队发展排除各种潜在的隐患。

对销售主管来说，考核并不是挑毛病，重视辅导和沟通才能提高工作效率。主管看到了团队成员的考核结果，会深入了解造成这种情况的原因，并且根据具体情况想出可以实施的方案。然后要做的，就是找到各个销售成员，对其进行辅导和沟通，打开成员的心结，为团队成员提出合理的解决方案，这样团队成员就能及时、准确、快速地解决自己存在的问题。

销售主管怎样才能很好地对团队成员进行辅导和沟通呢?

第一，要充分了解团队成员。

所谓“知己知彼，百战百胜”，对别人的基本情况不够了解，就不能抓住问题的核心，也就谈不到解决问题。比如，团队中那些刚刚经过培训的销售人员，因为业务还不熟练或是性格内向，不够自信等问题，在面对客户的时候表现出紧张、不知所措，甚至是害怕去见客户。这时销售主管对他们的问题，就可以通过一些比如情景模拟或是

成功案例讲解的方式进行培训和锻炼，让他们克服自身的弱点，早日成熟起来。

第二，心态放平，尊重团队成员。

作为主管，凡事一定要控制好自己的情绪，不能失态甚至情绪失控。团队成员身上会暴露出各种各样的问题，如果只是发一通脾气，或是一味指责、贬损甚至责骂，这种批评教育的方法显然是行不通的，会让团队成员感觉自己受到了侮辱，觉得主管对自己不尊重，日后可能会抵制主管的指挥，比如搞小动作，故意不配合，散播谣言，拆主管的台等。这不难理解，都不是小孩子了，试想谁会接受不尊重自己的人的建议和说教呢？因此，主管在对成员进行辅导和沟通时，首先要先放平心态，对团队成员表现出尊重和诚意。

第三，时刻观察下属的情绪，恰当使用肢体语言。

有些话说起来很难，但是用肢体语言表达出来或许更加简单、实用。比如，当团队成员跟主管沟通的时候，他们听到不好的消息就会表现出非常沮丧的表情。这时，主管进行言语的安慰，就没有握一下手或是拍一下肩膀更有激励性。这就是肢体语言在交流沟通中神奇的效果，既增强了说服力，又加深了主管跟团队成员之间的关系。

第四，常谈心，和团队成员成为真正的朋友。

上下级的天然阶级关系，是阻碍主管跟成员之间进行辅导和沟通的最重要的原因。只有打破这个固有的“屏障”，辅导和沟通才会无任何障碍。主管在平时多注意和团队成员谈心，增进彼此的了解，这样团队成员和主管之间的那种距离感就会减弱，关系也会更加亲近，遇到什么问题会更加愿意和主管沟通，这样解决起问题来会方便很多。

善用绩效工具，科学考核，提升团队主动性

绩效考核使用的工具有很多，要根据具体情况，妥善使用，才能科学对成员进行考核，提升团队的主动性。

使用绩效考核工具不能盲目跟风，要考虑到本公司的经营环境，如果看别的企业在使用某种考核工具就原样照搬，往往会造成“水土不服”，可能造成严重的后果，不仅不能提高团队的业绩，反而会影响团队的正常运转。因此，要善用绩效工具，适合的才是最好的。

善用绩效工具，科学考核，要从多方面、多角度找到团队成员的缺点和不足之处，让团队成员清晰、明了地看到自身存在的问题，针对问题提出解决方案，提升团队的主动性。

那么销售主管应该怎样选用绩效考核工具呢？可以从以下几个方面着手来挑选。

第一，让团队成员参与进来，增强他们的主动性和参与感。

成员参与绩效考核可以提高他们的积极性和创造性，来实现销售目标和绩效目标。这种情况，目标管理考核法（MBO）是非常好的选择。

目标管理法是由著名管理大师彼得·德鲁克在1954年提出的。依据组织提出的预订管理目标，对组织领导人和组织成员进行检查、评估和考核的方法，具体执行步骤如下：

◇监督者和员工共同制定整个执行阶段所需要达到的目标；

◇在绩效考核的过程中，监督者和员工可以依据具体的情况调整或者修改目标；

◇监督者和员工一起决定目标是否达到或者失败，并且讨论失败的原因；

◇监督者和员工一起制定下一阶段的工作目标和绩效目标。

第二，防止上级对下级进行单方面考核。

如果销售团队需要进行全方位的考核，就可以用360度考核法，这种考核方法是通过团队中其他成员以及销售主管、客户等共同对销售成员进行评价，采用调查问卷的方式，然后用计算机系统对这些信息进行汇总和分析，最后得出结论。

第三，把大目标分解成小目标。

如果销售主管需要实现一个很大的目标，但是实现这个目标往往不是一蹴而就的，这就需要将这个目标进行分解，这时使用关键绩效指标考核法（KPI）是非常不错的选择。具体就是把大的目标分解成几个小的目标，然后把团队中的人分成不同的几个小组，将分解的小目标与小组一一对应。

关键绩效指标应该符合以下几点：

◇以全局思想，把小组与各个小目标结合起来；

◇对指标来说，一般都是比较稳定的，不应该有很大变化；

◇把关键指标制定得简单明了，易于理解和执行；

◇目标应该符合“SMART”原则，即“Specific”目标具体化，“Measurable”目标要量化，“Attainable”目标通过努力可以达到，“Relevant”目标要对应个人，“Time-bound”目标完成要有具体的时间限制。

善用绩效考核工具科学考核团队成员，让团队成员更加积极的服务于销售团队，充分调动他们的主动性，在团队中发挥更加积极的作用。

慎用末位淘汰制

为了使团队的利益达到最大化，不让无用之人留在团队之中，同时也为了鞭策团队成员，很多销售公司的销售团队都会实施末位淘汰制。在这种制度下，公司利益确实达到了最大化，但却有很大可能性把优秀的人才淘汰掉了，因此一定要慎用末位淘汰制。

末位淘汰制执行的依据是绩效考核，对销售团队中的成员绩效考核成绩进行排序，把成绩比较差的人按一定比例淘汰。

一旦绩效考核制度不合理或者是在执行的过程中出现了问题，这时坚持使用绩效考核所得出的结果，对成绩较差的那部分人进行淘汰，难免有失公允。

现在的企业竞争如此激烈，很多企业为了打造一支优秀的销售团队，付出了很多心血。在那些优秀的团队中，即使是最后一名，也已经是一名优秀的销售人员了，如果就因为业绩考核是团队中的末位而被淘汰，是团队和企业的损失。

对销售团队来说，最重要的是发挥集体的智慧，团队的力量远远大于个人。而实施末位淘汰制，往往会让团队中产生焦虑感和压迫感，大家都拼命向前冲刺，所有人生怕自己落后，都只关心自己，对周围的人漠不关心，甚至因为害怕被别人超过而故意陷害或者给别人制造麻烦。这样的团队，实际上已经名存实亡，成员之间只有竞争，很难达成合作，并且矛盾重重，销售业绩的突破和团队的发展更是无从谈起。

因此，销售主管想要实施末位淘汰制度时，要非常的谨慎。主管要参照其他销售团队的成功经验，然后再根据团队的具体情况，制定合理的末位淘汰制度，把实施的个性考察项目制定得合理一些，尽量避免在执行的过程中产生误差，偏离末位淘汰的初衷。

在实施末位淘汰制时，要遵循一定的科学步骤，避免造成不良的后果，具体的实施过程可以参考以下步骤。

步骤一，等级划分法。

等级划分法的执行标准有：销售业绩排序、绩效成绩排序和综合排序。

销售业绩排序	优点：数据容易统计	缺点：偶然性比较大
绩效成绩排序	优点：相对而言，比较全面。	缺点：绩效统计过程中，可能出现不公平现象
综合排序	优点：全面、大大减少误差	缺点：统计数据和整理数据复杂

这几种等级方法各有优缺点，销售主管要根据团队中的具体情况，选择最合理的标准来进行等级划分。

步骤二，销售主管要对末位淘汰制有正确的认识。

首先，末位淘汰制不是直接就把末位比例的团队成员开除，这种做法是错误的，也是违反《中华人民共和国劳动法》的。对末位淘汰的成员，销售主管可以跟公司中其他部门进行协调，把这部分人调换到其他部门，或许他们能做得很好，或者给这些员工进行再培训，以便在下一次考核中提升成绩。

08

处理矛盾与冲突，团队协作创造奇迹

销售团队成员之间难免发生矛盾，发生争吵，甚至闹得不可开交。这些情况，都需要销售主管来调解，而且需要谨慎对待，如果处理结果显现出对其中一方有所偏袒，那无异于火上浇油，很可能造成局面失控，有损主管的领导权威。

老员工有时需要敲打

一个销售团队经营久了，自然会沉淀下一批老员工，他们资历老，又有丰富的经验和一定的威望，甚至不缺大客户。有的老员工依仗这些，帮助公司稳定业绩，对新人“传、帮、带”，成为团队一宝；而有些却阳奉阴违，磨洋工、混日子，甚至搞“小圈子”，媚上欺下，成为团队一害。

作为团队主管，面对那些倚老卖老和不配合的老员工，要敢于和善于运用规章制度的力量，给他们一点颜色瞧瞧。团队是全体成员的团队，不是哪一个老员工的团队，只要他仍旧是团队一员，就有义务遵守团队的制度，配合领导的工作。

老员工是团队的财富，能力是可以肯定的，而导致他们成为团队“隐患”的原因是态度。销售主管只要严格按照制度办事，做到一视同仁，不区别对待员工，端正他们的态度，那些倚老卖老的人，自然就会变得安分守己。事实上，面对这些“老滑头”，主管很有必要让他们吃点苦头，杀杀他们的威风，适时地敲打一下。这并不是不尊重老员工，而是维护团队的稳定和谐，同时避免老员工犯错。

具体来说，主管应该怎么做呢？

第一，先礼后兵，要给予老员工尊重。

这种尊重不是表面上的恭维或奉承，而是真正重视老员工的工作经验和想法。老员工多年经验教训积累下来的工作习惯，一定是有其存在道理的。在对方没有犯什么错误的前提下，主管必须给予他们足够的尊重，这是对他们过去所做贡献的认可和肯定。在给予足够尊重的前提下，再对那些犯错的老员工适当采取措施。

第二，用制度说话，人人平等。

团队管理最重要的就是公平和公正。一个团队，不管是新员工还是老员工，哪怕是对团队做出过突出贡献的人，只要犯错，就应该按企业制度来处理，不搞特殊化。如此一来，倚老卖老的现象自然会得到遏制。

第三，对“贡献不大，架子不小”的员工，直接淘汰。

还有一些员工，虽然也是老员工，但没有突出的能力，也没为团队做出过太大的贡献，却倚仗自己在团队中工作的时间长，觉得自己有资历，摆架子，玩弄权术，不配合工作。对这样的员工，主管也不必客气，直接将其踢出团队是最稳妥的做法。他们的存在，只会影响后进员工的积极性，阻碍团队发展。

矛盾当前，切忌火上浇油

销售团队成员之间难免发生矛盾，发生争吵，甚至闹得不可开交。这些情况，都需要销售主管来调解，而且需要谨慎对待，如果处理结果偏袒其中一方，那无异于火上浇油，很可能造成局面失控，有损主管的领导权威。

王琳是某公司的销售主管，手下两个业绩都不错的员工起了冲突，被她叫到了办公室谈话。

两人坐好，王琳开始询问原因："说说吧，你们两个一个是销售精英，一个是销售业绩团队后起之秀，你们之间有什么矛盾？"销售精英说："主管，我本来不想理他，只是他老纠缠，总是说我的坏话，贬低我，说我算什么，只不过是销售业绩比他好点，别的像什么人际关系、交际能力、销售技巧都不如他，我又没说跟他比啊。"

王琳说："你们两个先听我讲一个故事。今天早上我开车送我女儿上学，她突然对我说，'妈妈，你能不能给我一百元。'我问她要钱做什么，她就对我说，'一个学习远比我好的同学，经常主动帮我解决难题，并且还送我铅笔，说我身上值得她学习的地方有很多。所以我要报答人家，我想给她买个玩具当作她的生日礼物。'"

故事说完了，两个闹矛盾的员工若有所思地走出办公室，销售业绩进步最快的销售员，主动邀请销售精英吃了一顿饭，饭桌上他们深入交流，达成了和解。

当遇到销售团队成员间为了一些事情产生矛盾并且发生了争吵

后，销售主管切忌过度愤怒，失去理智，那样只会做出一些火上浇油的举动，让矛盾变得更难化解。

那么销售主管在遇到团队成员间发生矛盾时，应该怎样做，才能真正解决问题，避免产生更坏的影响呢？

第一，先使自己冷静下来。

当销售主管听说团队成员之间发生矛盾时，首先要做的是让自己冷静下来，不要因为自己带领的团队出现了争吵而觉得恼火，或是觉得没有面子。成员之间的争吵是内在矛盾激化的表现，很可能会反映出团队中那些长期存在的问题，某种程度上来说也是件好事，而不一定是丑事。

第二，做到不偏不倚。

一个团队中，成员之间的关系，必然会有远有近，而成员与主管之间的关系，也不可能绝对平等，会有一定的亲疏之别。这种微妙的个人情感，很容易导致销售主管先入为主地做一些决策。特别是在处理团队矛盾时，很多主管会对其中那个和自己私交更深的人予以特殊的照顾，甚至偏袒，这就造成了不公平。而因为这种不公平的存在，团队成员之间会形成更深的矛盾，影响团队成员之间的和谐关系。受到不公平待遇的团队成员，会对领导产生意见，这种不满情绪会在团队中发酵，让大家对主管都有意见，久而久之，主管的权威和领导力都会大打折扣。所以，销售主管在解决矛盾时一定要做到不偏不倚。

第三，要有自己的立场，不要模棱两可。

作为销售团队的管理者，销售主管是有自己的权威的，说的话也是很有分量的。因此，做事要有明确的标准，不要模棱两可，这样也对，那样也可以，这会让下属感到迷茫；也切忌搞双重标准，对某些人给予特殊优待。企业有制度，领导有尺度；凡事对了就是对了，错了就是错了；不管是新员工还是老员工，不管是普通销售员还是顶尖销售员，对错误的一方就要批评，否则日后团队就会敷衍成风，严重影响团队和谐。

第四，对过错一方不要批评过甚。

俗话说："得饶人处且饶人"，不要认为团队成员犯了错误，对过错一方无论怎样严厉批评和惩罚都是合理的。批评的目的是让对方认识到自己的错误，效果达到即可，所谓"响鼓不用重锤"，点到为止，把握好尺度。

第五，无法进行调解，调离岗位。

销售团队中，有一些矛盾是长期积累的，已经变得根深蒂固了，是很难靠主管的调解来消弭的。面对这种情况，作为销售主管，最有效的办法就是通过和其他部门进行协调，然后让矛盾中的一方或双方去别的不同的部门。这样就从根本上解决了矛盾的再次发生，维护了整个团队的稳定。

“和稀泥”往往会出大麻烦

团队成员之间产生了矛盾，一些主管因为要顾及团队成员每个人的面子，不想得罪任何人，往往会选择“和稀泥”，想通过成员间相互让步，最终达到和平解决的目的。通常要么是劝矛盾双方各让一步，要么就是双方各打五十大板。有些主管甚至将这种矛盾处理方式奉为为人处世的智慧，其实在多数情况下，“和稀泥”是没有原则的表现，会让团队风气变得更糟，为团队埋下隐患。

蔡家敏是某调料生产有限公司的销售主管。这天，她的两个团队成员因为矛盾起了冲突。原因很简单，甚至有点可笑，就是互相不服对方。其中许静销售业绩非常好，并且已经保持了很长时间。另外一个销售员孙佳佳业绩相对差一点，但是进步非常快。

于是，蔡家敏先把许静叫到了办公室，对她说：“孙佳佳业绩差，你让着她点，也吃不了什么亏。”许静说：“凭什么啊？我取得的成绩也是靠自己的本事和努力，她为什么看不起我啊？”接着蔡家敏又把孙佳佳叫来说：“你现在不如她，你给她留点面子，别让人家难堪。”孙佳佳说：“凭什么啊？我有信心，我一定能超过她，怎么连这个挑战都不敢接受吗？”

结果，蔡家敏谁也没有说服，反而她们两个都疏远了自己。

销售主管为了不得罪团队成员，顺利解决团队成员之间的矛盾，选择“和稀泥”的方式，希望通过与矛盾双方进行交流，让彼此互相让步，最后达成妥协。但这种解决方式存在着很大的弊端，主管在发生矛盾的双方之间左右逢源，会让矛盾双方想：主管是一个玩弄心机的人，没有决断力，不讲原则，不明事理。“和稀泥”只是表面上平息矛盾，并不能真正解决问题，终究有一天，那些小矛盾会积聚成大危机，加倍爆发出来，到那时再去解决就非常困难了。

那么对销售主管来说，面对团队成员间发生的矛盾，应该怎样做才能杜绝“和稀泥”，正确处理好呢？

第一，了解产生矛盾的原因并且辨别团队成员诉说的真假。

想要真正解决矛盾，就要找到事情发生的根由，从源头着手，才能从根本上解决。了解成员间发生矛盾的原因，可以让他们自己诉说，在诉说的过程中，主管要依据对两个人的了解以及个人的判断来辨别真假。

只倾听团队成员的诉说，这显然是不够的，因为每个人都会站在自己的立场和角度说话。此时就需要主管主动提问，问一些有针对性的问题。比如两个人因为很小的事情闹矛盾，就为了争一口气。主管就可以问：“争赢了有什么意义？”这种询问会让他们平息争执情绪，缓和双方的敌视情绪。

第二，选边站。

“和稀泥”是站在两人中间，这样双方是势均力敌的，在这种情况下，想要让一方让步几乎是不可能的。要想打破这个格局，就需要选边站，站在其中一边，这样双方的力量就不平衡了，主管站的一边的力量要明显大于另外一边。主管要明辨造成矛盾的是非曲直，坚定地站在受害的一方，维护团队的公平和正义，这样才能建设一个思想正派、原则明确的团队。

第三，对做错的一方给予适当批评和处罚。

做错了事情就要承受后果，主管如果不对做错的团队成员进行处罚，就会惹来其他团队成员的非议，开始对主管产生不信任感。所以，赏罚分明，做了错事，在团队中滋生了矛盾，就要给予必要的处罚。

赏罚分明的关键是公平，而不是严苛。处罚要有一定的限度，不管是口头批评还是物质处罚，只要不是太大的问题，都不要过于严厉。主管要顾及员工的面子，让他们意识到自己的错误即可。

总的来说，当遇到团队成员间发生矛盾时，主管千万不要“和稀泥”，不要妄想“一手托两家”，要掌握通过沟通辨别是非的能力。然后，批评和教育错误的一方，并且做出适当的处罚，维护团队的正义，树立团队的做事原则，让团队充满正能量。

学会倾听，你会有意想不到的收获

销售是一个压力和挑战共存的职业，作为销售主管，带领一个销售团队，要对整个团队负责。由于销售中会遇到各种情况，团队成员心里承受各种各样的压力，是需要一个诉说对象来排解情绪的。这时，主管如果能够学会倾听，将会有意想不到的收获。

倾听是表现尊重的一种方式，学会倾听，是让人敞开心扉的一把重要的钥匙，销售主管要用好它，打开他团队成员的心门。

主管应该怎样去倾听成员的心声，倾听的时候又该注意些什么呢？

第一，表达诚意，做出有效回应，切忌敷衍。

没有诚心，对别人既是不尊重，又严重影响别人的心情。在销售主管跟团队成员沟通的过程中，销售主管听成员诉说时，如果只是“嗯、啊”的回复，对方会感觉到主管根本没有认真听，心不在焉，那样很可能有些话就不想说了。面对下属的诉说，销售主管应该做出积极、有效的回应。比如，团队成员说：“我总是感觉不如别人，感觉融入不了集体。”这时主管就可以说：“你先别着急，毕竟刚刚到这个团队没多久，还不适应，你有什么想法可以尽管跟我说，我会帮你的。”做出有效回应，团队成员就能感受到主管在认真听他说，他就愿意继续表达。

第二，鼓励对方的表达意愿。

团队成员在倾诉时，会有欲言又止的情况，想表达却又有顾虑，这时就需要主管给予鼓励，让对方彻底敞开心扉，一起探讨问题的根源及解决办法。

第三，学会主动倾听。

要想了解团队成员，主管就要学会主动倾听。比如，在平时多跟团队成员说一些自己的事情，拉近与成员之间的距离，借此来听一听团队成员的想法。很多销售人员和主管之间其实存在很大的距离感，如果主管不主动去接触并了解他们的想法，也许他们会一直忍受，直到忍无可忍而离开团队。主动倾听是保持团队上下级之间交流通畅的重要手段。

倾听，是一种主管跟团队成员沟通、交流的好办法，主管要好好利用，倾听团队成员的心声，帮助他们解决实际问题，实现团队内部的团结和和谐，最终达到共同进步，提升团队销售业绩的目的。

谨慎对待“小报告”，莫让成员告密成风

在销售团队中，团队成员间有很复杂的关系，有团队就免不了有竞争，但竞争也分为良性竞争和恶性竞争，而其中恶性竞争就包括私下里给主管打“小报告”。对“小报告”而言，虽说是不光荣的、不上台面的，但也有好坏之分。

“小报告”有很多是歪曲事实或者断章取义，甚至是对团队成员言语攻击，捕风捉影，凭空捏造所谓的证据来进行打击报复，这种行为是可耻的。如果主管不有所行动，加以制止，让团队成员告密成风的话，那团队成员就会人人自危，整个团队笼罩在担惊受怕的氛围中，正常开展业务也就无从谈起了。

当然，对“小报告”也不能一棒子打死，一概而论。有些时候，“小报告”也有好处，因为其中反映的情况有一部分是真的，特别是很多突发、紧急的情况，是来不及走正常流程上报的，这时，那些信息货真价实的“小报告”，就能帮团队避免出现重大失误。

何炫是某沐浴露生产有限公司销售主管，一天，销售团队成员李勤来办公室打“小报告”，说：“主管，团队中的销售冠军宋鑫为了让自己的销售业绩一直保持第一，经常利用自己老员工的身份和您的威望，去威胁团队新来的员工，把他们的客户抢过来，据为己有。这种行为太恶劣了，您应该严厉处理。”

听到这个消息，何炫对李勤说：“谢谢你来把这个消息告诉我，我会马上处理的。”于是，他立马叫来了几名新员工，询问他们相关情

况，并且命令他们不许将这件事说出去。通过几番调查，何炫终于弄清了真相，原来是新员工对业务不熟，因此让宋鑫帮忙，并且成功交易的业绩也算作新员工的。

随后，何炫召开会议，在会议上说："以后，大家尽量不要打'小报告'，有什么事拿到桌面上说，如果忍不住还是要打'小报告'，最好自己先核实一下情况，再来跟我说。"

如果团队成员打的"小报告"不真实，主管不加以辨别就盲目相信的话，那会误伤团队中的无辜成员。这是谁也不愿看到的，对于团队的建设将是巨大的打击，会严重影响主管在团队成员心中的形象，造成团队风气败坏，人心惶惶。

那么，作为销售主管，在遇到团队成员打"小报告"时，应该怎样去处理，才能让团队远离告密的风气呢？

第一，公开表示不支持打"小报告"。

主管的态度影响着团队成员的行为，如果对打"小报告"管理不严，那么这种风气就会在团队中蔓延。如果旗帜鲜明地亮明态度，那团队成员也会自觉遵守。比如：在销售会议上，主管当着全体成员的面，告诉大家，自己不支持团队成员打"小报告"，这样就能在一定程度上杜绝打"小报告"行为。

第二，私下调查"小报告"的准确性。

记住，对"小报告"信息的确认一定要私下进行，毕竟人言可畏。当主管接到团队成员打的"小报告"，先要稳住打"小报告"的人，比如可以对他说："谢谢你，这个情况非常重要，我会尽快处理。"先稳住对方，防止他将这个消息继续扩散。然后，主管要进行秘密调查，不要惊动当事人，防止造成不必要的紧张氛围。得到真实可靠的消息以后，如果是捏造的，就对打"小报告"的人进行严厉批评，让他在大会上做自我检讨。这样做也是给团队成员一个警告，对那些喜欢打“小报告”的人形成震慑，他们就会有所收敛。

第三，对无辜受到举报的团队成员表现出信任。

受到无辜牵连的团队成员，主管要对其进行鼓励，说一些好话，比如夸一夸他过去取得的业绩，还要表现出对他的信任，比如可以说：“我根本不相信别人说的关于你的坏话，我相信你的人品，并且鄙视那些打‘小报告’的人。”也可以说：“这些人我是看不起的，没有本事，只会说别人的坏话。”以此来拉近他们与主管的关系，同时也让他们感受到主管对他们的信任。

防患于未然是解决矛盾的上策

俗话说："未雨绸缪"，在销售团队中，团队成员之间难免会发生矛盾，而最好的解决办法就是防患于未然。

许明轩是一家4S店的销售主管，为了充分发挥团队优势，他让团队所有销售成员自由组合，形成5个人一组的小组，通过小组间的良性竞争来提高销售业绩。然而，分组结束以后，拿到小组名单时，许明轩有点担心。因为两个性格不合，并且一直对彼此有看法的成员分在了一个组，分别是销售员孙翠和李杨冰。

没过几天，许明轩就听说，因为一次销售任务，孙翠跟李杨冰差点吵起来。于是，经过许明轩的干涉，将他们两个分在了不同的小组。

后来他们没有再发生不愉快，各自在自己的小组中都取得了不错的成绩。

团队成员间的矛盾，不是一天两天形成的，是有一个过程的。矛盾刚出现的时候，就要果断采取措施来解决。防患于未然才是解决矛盾的上策。如果任由矛盾积累、叠加，那等到爆发的时候，破坏力将是非常大的，那时即使能解决矛盾，势必也会付出不小的代价，甚至伤及整个团队的元气。

因此，销售主管要做到防患于未然，通过自己认真地观察和精确的判断力，及时发现团队成员间可能出现的问题或发生矛盾的苗头，及时采取措施来合理解决。

对销售主管来说，如果做才能防患于未然呢?

第一，平时多交流，多一些人文关怀。

销售主管跟团队成员由于存在着上下级的关系，不可能做到没大没小，亲密无间。但是，主管和下属之间也不是没有成为朋友的可能。这就需要销售主管在平时多关心一下团队成员，建立一些除工作关系之外的私人情感，比如，下属身体不舒服，主管主动问候；家里如果有什么事，适当多批两天假等。通过真心关怀，跟团队成员间建立良好的关系，这样主管就可以防患于未然了。

第二，制定一个团队目标。

要想尽量避免销售团队中发生不必要的矛盾，防患于未然，就要让团队成员一心，共同为同一目标而奋斗。没有一个统一的目标，这就是矛盾冲突的开始。比如本来淘宝和苏宁是竞争对手，他们之间是有矛盾的。但是京东对于苏宁的挑战，促使苏宁跟淘宝团结起来，有了共同的目标。因此，销售团队要制定一个团队目标，让团队成员为一个目标而努力，消除彼此之间的矛盾，互相帮助，共同进步。

第三，奖励合作。

合作是避免矛盾冲突的一种很好的方法。合作本身就是放弃彼此之间的矛盾，充分发挥各自优势，让组成的团队更加强大。这就是合作的好处，不但发挥出集体的优势和力量，同时也将矛盾和冲突化于无形。所以，销售主管鼓励团队成员间进行合作，并对团队成员间的合作给予奖励，促进团队成员间互相合作，这样就能避免矛盾和冲突。

在员工的抱怨声中完善管理

对于销售团队的成员来说，只要是他们觉得主管对自己不公平，就会产生抱怨。这其中难免有一些无病呻吟、根本毫无意义的抱怨，但也有很大的一部分是反映出团队管理中实际存在的问题。因此，作为销售主管，应该重视起来，在团队成员的抱怨声中不断完善管理。

赵德新担任某瓷砖公司杭州销售主管，有一天，他因为家里的一些私事，到公司的时间比较晚。刚进入销售部的办公地点，他就听到有几个团队成员抱怨，但是还没等到他走近听清楚，他们就不讨论了。然后，他们几个被叫到了主管办公室内。赵德新问:“你们刚才在讨论什么？不要紧张，你们有什么就直说，解决问题是关键。”他们中的一个团队成员说:“主管，是这样的，我们感觉公司的制度不合理，现在物价也涨了，制度规定的餐补是每人10元，根本不够。还有中午，只有1小时休息时间，咱们公司周边吃饭不方便，叫外卖也要等好久，休息时间太短了。”

听完这些，赵德新对他们说:“你们反映的这个问题非常重要，放心吧，我会第一时间解决的。”几天后，新的制度就出来了，餐补变为20元，中午休息时间变为2小时。

在这种制度的影响下，团队成员下午更有精神了，工作效率和成交率也有明显提升。

团队成员抱怨的内容，一般就是薪酬、工作环境、同事关系等问题。这些都是牵涉到公司的制度，因此，通过这些抱怨的声音，主管也能听到员工对企业制度的评价，从而不断完善制度管理。

如果销售主管在遇到团队成员抱怨时，选择搁置不管，或是认为团队成员抱怨就是其态度消极，乱发牢骚，发泄情绪。如果主管如此看待，那整个团队就会陷入一个没有沟通的环境，团队成员的问题就得不到有效解决，那样就会导致不满的情绪越来越大，最后，甚至会直接威胁主管的领导权威，团队的凝聚力和执行力也将丧失殆尽。

那么，当销售主管面对团队成员的抱怨时，应该怎样去处理，才能不断完善制度，领导好整个团队呢?

第一，虚心接受抱怨。

团队成员的抱怨，有一部分是消极的，但也有一部分是有帮助的。面对团队管理中出现的问题，主管不能选择逃避，而是要乐于接受抱怨，这既表现出对团队成员的尊重，同时也体现出主管能够虚心接受意见，这对于主管提升在团队成员心中的形象有很大帮助，也更利于问题的解决。

第二，主动了解抱怨的原因。

所谓“解铃还须系铃人”，只有找到抱怨的原因，才能找到应对的方法和策略。主管要主动询问团队成员，不要摆出一副高高在上的架子，要有意识地和团队成员聊一聊，而且要带着诚意，比如可以说:“我看你这么愤愤不平的，不妨说来听听。”

第三，平等沟通。

团队成员中，有很多抱怨往往是由于一些小事或者是不合理的事而产生的，这主要是因为团队成员的习惯或者关注点不同而造成的。这些抱怨完全可以通过平等地沟通去解决的。主管要通过工作打开团队成员的心结，让他们把心态放宽，不要因为一点小事就斤斤计较。

第四，及时处理。

那些真正有用的抱怨，可以让主管知道团队管理中的不足和错误。这个时候，主管要谦虚、清醒地认识到这些问题的重要性，不要觉得下属的指正让自己这个主管领导失了面子，就想蒙混过关，把事情糊弄过去，而是要及时地采取措施，加以解决，是自己的疏忽时，就勇于承认，及时修正；是下属的问题，就仔细分析，认真解决，妥善处理。

09

压力管理，让成员在屡战屡败中迅速成长

在销售团队里，有这样一部分人，他们很容易受到外部环境的刺激，情绪波动较大，心中充满负能量。这种负能量会在团队中传播，最后影响整个团队的情绪。作为销售主管，应该及时疏导情绪，清除团队成员心中的负能量。

及时疏导情绪，清除团队负能量

在销售团队里，有这样一部分人，他们很容易受到外部环境的刺激，情绪波动较大，心中充满负能量。这种负能量会在团队中传播，最后影响整个团队的情绪。作为销售主管，应该及时疏导情绪，清除团队成员心中的负能量。

那么，销售团队的负能量主要有哪些，又该如何应对呢?

第一，消极情绪。

团队成员产生了消极的情绪，会表现出对任何事情都不在意，主管让他做什么都不上心，不是忘记，就是拖延。

当主管发现团队成员有这种表现的时候，就需要做消极情绪的疏导。消极情绪主要是受到工作压力的影响，产生迷茫、焦虑、恐惧等心理，完不成业绩、达不到目标、拉不到业务、谈不成客户、拿不到高薪，这些都会让消极情绪逐渐累积。主管要做的就是给团队成员树立信心，肯定成员努力的同时，和团队成员一起分解销售目标，给出可行的销售计划和实施方案。

通过给团队成员介绍团队的规划以及帮助他们建立一个职业规划，来让他们对未来不再迷茫，变得积极起来。

第二，浮躁情绪。

当团队取得了一些成绩，就会有一些人开始变得浮躁，销售业绩突破带来的成就感，让他们内心开始膨胀，随之便产生了浮躁情绪。当产生浮躁情绪以后，人就会变得傲慢，而且爱向他人炫耀自己的业绩。久而久之，这种情绪会在团队中滋生出各种各样的矛盾和问题。

发现这种情况以后，主管应该及时压住他们的这种浮躁情绪，可以把他们叫到办公室单独谈话，对他们说明一下企业当前的“大势”，奉劝他们不要骄傲自满，不要满足于当前的成绩，要继续努力。

第三，自卑心理。

销售团队成员长时间完不成销售任务，在与团队其他成员竞争的过程中，其他人都取得了比较好的销售成绩，而自己却总是排名垫底，看到与其他团队成员的差距后，难免会产生自卑心理，会看不起自己，觉得自己不如他人，变得不愿意同别人交流，不敢接受有挑战性的任务，甚至无法面对客户。

此时，主管要做的就是肯定他们的能力，然后给他们分配一些相对容易的销售任务，并且在完成任务后给予一定的奖励。这样就能帮助他们重新建立自信心，走出自卑情绪。

警惕“习得性无助”

美国心理学家塞利格曼，在1967年曾经做过一个动物实验。实验是这样的：首先，将一只狗关进一个笼子里，然后，每次蜂音器一响，就电击这只狗。遭到电击的狗会痛苦挣扎，如此反复，然后将笼子的门打开，响起蜂音器，但并不电击，此时狗并没有跑，而是躺下痛苦地挣扎，似乎在遭到电击。

这就是“习得性无助”，它对于销售团队成员的启示就是：如果销售成员总是没有办法完成主管分配的销售任务，在反复的打击之下，团队成员就会失去信心和耐心，不愿意再去尝试，对自身的能力产生怀疑，总感觉这也干不好、那也干不好。最后认定自己不适合销售这个岗位，无论怎么努力都不会成功。

究竟是什么原因导致团队成员产生“习得性无助”呢？

第一，心理承受能力不强。

每个人的心理承受能力都是不同的，这在很大程度上决定着受到打击后的反应。心理承受能力差的销售人员，在第一次无法完成销售主管安排的销售任务后，内心就充满了沮丧和失落，之后再承受任何打击，基本就会完全丧失自信心。那些有过销售经验，然后跳槽加入团队的成员，是极易出现这种问题的。因为急于证明自己，所以在还没完全适应新团队的工作氛围和制度的情况下，是比较容易在遭受失败时出现挫败情绪的。自尊心受到打击，对自己产生怀疑，进而出现“习得性无助”。

第二，主管不了解团队成员，盲目定任务。

销售主管如果不了解团队成员的能力，只是根据个人的销售计划分配任务，那很可能会盲目乐观，制定一些超出团队成员能力范围的销售任务，还想当然地认为目标是合理的，下属只要努力是可以完成的。面对艰巨的任务，团队成员只能硬着头皮去工作，结果自然是很难实现预定目标。看着遥不可及的销售目标，也就形成了“习得性无助”。

第三，主管没有给予帮助和鼓励。

当销售团队成员没有完成销售任务时，会产生极大的挫败感和失落情绪，此时销售主管如果只是对其进行严厉批评，而不对其进行鼓励、安慰和必要的帮助，那么在团队成员心里，主管就是一个只会制定任务，根本不懂得人情的无情之人。那些完不成任务的成员心里就会对团队产生失望。如果日后再遭遇失败，会觉得团队中没有关怀，只有责骂，极易一蹶不振，失去努力的希望和动力。

销售主管要警惕“习得性无助”，要针对造成这种状态的原因采取相应措施，比如制定合理的销售任务、对受到打击的销售成员鼓励和帮助、制定明确的奖罚制度等。

建立良好的沟通渠道

销售团队成员无论在工作上还是生活上遇到压力时，都会对他们的状态造成影响。如果任由这种压力一直存在，无论对于个人还是团队都是不利的。因此，销售主管应该跟团队成员建立起良好的沟通渠道，让团队成员的心声有倾诉对象。

建立良好的沟通渠道，可以保障团队成员和主管之间交流畅通无阻，既能让压力得到有效释放，也能及时反馈和解决问题，这样就能够及时调整团队成员的状态。在沟通的过程中，也能增进彼此之间的了解和信任，巩固主管对团队的权威和领导力。

因此，销售主管要建立一个良好的沟通渠道，让团队成员的心声有地方倾诉。具体应该怎么做呢？

第一，深入基层。

团队成员最大的压力肯定是来自于工作，比如销售业绩没有完成、客户刁难等。这些工作上的压力，主管可以隔一段时间，就随同团队成员一起出去见见客户，体会当前业务开展情况的难度，在实际情况中，感受团队成员的压力状况。主管有了实际感受，就能帮助团队成员及时化解压力。

京东集团CEO刘强东，虽然身居高位，依然决定每年抽出一天的时间，变身物流小哥去送货。他并不是为了作秀，而是通过这种方式去感受京东提供的服务，以及消费者对京东的看法，而且也能感受送货员的辛苦和实际困难，这也是跟团队成员沟通的一种方式。

第二，定期组织团队交流会。

团队成员往往存在着因为相同原因导致的压力，如果每个团队成员都去找主管沟通，显然会大大影响做事效率，有损团队的最大效益，也会占用销售主管太多的时间和精力。因此，把团队成员遇到的共性问题总结起来一起处理，这样就能节约时间，提高工作效率。

主管可以根据具体情况，定期组织团队交流大会，在大会上，团队成员可以畅所欲言，把工作中遇到的困难和压力尽情说出来，这样就很容易发现共性问题，也方便在会上讨论，商讨解决方案。而且，这样的交流大会，也是团队成员释放情绪，增进友谊的良好途径。

第三，主管开通问题沟通电子邮箱。

团队成员中，有一部分人的压力可能来自私人的问题，比如家庭矛盾，也可能是不愿意公开说出来、有可能得罪团队成员的问题，比如要向主管举报团队成员的不当行为。这些问题都是需要主管对团队中其他成员保密的，在公众场合是不便说的。

因此，销售主管就有必要开通一个电子信箱，告诉团队成员有任何问题都是可以写邮件告诉主管的。这种沟通方式，不仅快捷，而且隐私性更好。

在一个企业中，销售团队面临着巨大的压力，是非常容易出问题的部门。因此，销售主管要建立起良好的沟通渠道，保证团队成员能够及时和主管进行有效沟通，这样才能让团队成员不被消极情绪控制，保持积极向上的状态。

心理辅导是必要的

对销售团队成员而言，即使销售业绩不好，销售技巧生疏，销售经验不足，这些都不是最重要的问题，只要勤加练习，多多积累，一段时间之后就会有所提升。一个员工对待工作，最关键的还是看心态，一旦心理出现问题，就非常难办了，会引发一连串的问题。

所以说，心理辅导对销售团队来说是非常有必要的。如果日常的交流、沟通还是无法帮团队成员摆脱心理问题，就需要进行专业性更强的心理辅导，可以是主管亲自上阵，也可以借助专业心理培训，尽最大努力帮助团队成员克服心理问题，找回积极向上的心态，调整好状态，努力把业绩做得更好。

那么，销售主管在面对团队成员心理问题时，应该怎样对团队成员进行心理辅导呢？

第一，对团队成员进行“精神按摩”。

所谓的“精神按摩”，指的是“Employee Assistance Program”，直接翻译过来就是：员工帮助计划，俗称“员工精神按摩”。

这是一套公司为员工设置的系统的、长期的福利，公司聘请专业人士，为员工提供辅导、培训以及诊断，帮助员工以及员工的家庭成员解决心理问题，进而提高员工的积极性和工作绩效。

完整的“精神按摩”包括三部分：

◇找到导致团队成员产生压力的来源，然后尽量消除外部环境因素的干扰；

◇及时处理给团队成员造成压力的因素；

◇改变团队成员个人身上的弱点，如信念、生活方式、行为习惯等。

对销售团队来说，“精神按摩”能够帮助团队成员缓解因为工作产生的压力，还能帮助缓解团队成员彼此间交流产生的矛盾。虽然销售主管聘请专业人士会花费一定的费用，但这笔支出的投入产出比是非常划算的，解除心理困扰的员工，会重新燃起斗志，如同出笼猛虎、下海蛟龙，充满动力和激情，无论是对个人业绩还是团队发展，都有莫大帮助。

第二，请专业心理服务机构培训。

“精神按摩”毕竟是一整套严谨的心理辅导系统，成本还是比较高的，引进“精神按摩”对一般的小公司来讲是难以承受的。幸好一个团队中出现严重心理问题的人不会很多，往往占比很低。所以，对于一些初创的销售企业，没必要一定要引进“精神按摩”，只要隔一段时间请专业心理服务机构对团队成员进行培训就可以了。

心理培训在一定程度上也能够解决团队成员存在的心理问题。最重要的是，这种方法能起到预防的作用，比如团队中某个成员心理问题特别严重，影响到整体的销售业绩，这时领导意识到问题的严重性，决定请专业的心理咨询培训师，对团队进行心理辅导，重点解决那名影响团队成绩成员的心理问题。在全体培训中，所有成员都能接受专业的心理辅导，对照自身是否存在心理问题，而重点辅导对象的心理问题也能得以解决。这种方法不但为团队节省了费用，也节省了时间。

10

降低人才流失率，稳定是保障业绩的根本

销售主管作为整个团队的领导，他的一举一动都会影响到团队成员，一句不恰当的话，或者一个不正确的决定，都将导致团队成员的心理波动。一旦团队成员对于主管有看法，就可能会导致一部分人选择离职。

为什么你的销售团队离职率那么高

对于销售行业，很多没有接触过的人，甚至是很多干过的人都会说，这个岗位没有什么技术含量，并且压力很大，基本上都是十个人干，就有九个会被淘汰。这显然有些危言耸听，很多销售团队做得非常好，离职的人也很少，那么为什么你的销售团队离职率那么高呢？

员工离职无非就是员工主动离职和主管清退这两种原因。导致员工主动离职的原因，除了员工认为自己不适合做这个岗位而选择主动离职外，大多数都是受到了团队氛围以及团队主管施行的政策和行为影响导致的。因此，团队离职率高的原因，还是在于销售主管。

销售主管作为整个团队的领导，他的一举一动都会影响到团队成员，一句不恰当的话，或者一个不正确的决定，都将导致团队成员的心理波动。一旦团队成员对于主管有看法，就可能会导致一部分人选择离职。

想要挽留团队成员，销售主管要做好领头和导向的作用，搞清楚导致团队大量离职的原因，尽量避免，从而使销售团队的离职率降低。

那么，导致销售团队离职率居高不下的原因有哪些呢？

第一，长期受到批评，压力过大。

对于刚刚入行的销售新人，由于对销售工作不熟悉，甚至是性格不适合，比如比较内向的成员，刚开始做销售工作时，总是害怕说话，但这并不意味着他不适合做销售，只是需要一个适应的过程。而在这个过程中，主管的态度对这类员工影响很大。如果主管长期批评他们，不给予适当的鼓励，他们就会怀疑自己是否真的适合干这份工作，会觉得得不到认可，形成很深的挫败感，甚至习得性无助，那样他们很快就会选择放弃。

这就是为什么销售团队离职率较高的一个重要原因，这个原因也是主管们比较好避免的，只要平时注意个人的言行，给予新成员多一些鼓励和包容，就可以有很大可能留住他们。

第二，薪资达不到预期。

大多数销售团队成员选择销售这个工作，都希望通过努力，拿到不错的薪资，满足个人的物质需求。满足不了薪资，给团队成员造成的心理落差是很大的，很多主管虽然制定了“业绩越高，提成越高”的奖励政策，但是提成的比例却很小，这就导致了团队的利益虽然达到了最大化，但团队成员的利益却受损了。团队成员拿着跟自己的付出不成正比的薪资，内心会极度不满，他们会把这种不满情绪代入到工作中，而且还会迁怒于主管，选择离职是迟早的事。

只要主管能够把团队成员看成团队业绩的保障，尊重他们的努力，给他们适当提高业绩提成的比例，满足他们对于薪酬的要求，这种情况是可以避免的，团队成员也就能安心工作了。

第三，看不到发展的前景。

俗话说：“人往高处走，水往低处流。”销售团队中的每一个成员，都想看到自己一步一步得到提拔，获得理想中的职位。一旦他们看不到晋升的希望，就会深深地陷入迷茫，甚至会开始混日子，消极怠工，或是选择离开团队。

销售主管想要避免这种情况，需要制定一个完善的晋升制度，让团队成员看到晋升的希望和依据。这样他们就不会担心自己的前途了，工作自然也就更有动力和激情了。

第四，销售主管缺乏领导力。

俗话说：“火车跑得快，全靠车头带。”要想让团队越来越好，领头人的角色至关重要。

马云创业之初非常窘困，最艰难的时候已经要发不出工资了。但是，他通过自己的能力和口才，充分展示出自己的领导力，仍然吸引了众多的人才为他奋斗，比如早期阿里巴巴的“十八罗汉”。这其中，最出名的就是蔡崇信，他甚至放弃了高薪工作，一心追随马云干事业，足见马云的人格魅力。

一个销售团队，如果主管没有领导力，就没法带领好一个团队。要提高自己的领导力，就要提高管理智慧，提高多方面的管理能力，比如组织能力、沟通能力、协调能力、应变能力、决策能力等。主管不仅专业知识水平能够服众，对团队的管理也要能让团队成员信服。这需要长期不懈地积累，通过阅读、社交聚会、培训深造等来全方位提升。而且要与团队成员打成一片，只有真正融入这个团队，团队成员才会了解和尊重主管，不会轻易离职。

如何有效留住新员工

随着销售业务增多，销售团队需要不断招收人才。新员工往往因为不适应或者其他原因，干不了多久就可能选择离开团队，这对团队来说是不小的损失，人才既得不到补充，也会影响团队的销售业绩，同样还要承担培训的费用和招聘的时间成本。

那么销售主管应该怎样做，才能有效留住销售团队新员工呢?

第一，给新员工“造梦”。

苏格拉底说:“世界上最快乐的事，莫过于为理想奋斗。”很多销售新员工并没有确切的梦想，因此，给他们“造梦”就可以带给他们奋斗的目标，促使他们坚定地追随梦想，一路前行。

雷军在小米公司创建之初，需要找不同方面的人才。洪峰就是其中符合他要求的一个人才。洪峰从小就对编程感兴趣，并且能够运用编程解决实际问题。他最大的成就，就是在谷歌公司利用自己的业余时间，和几个人做出了Google 3D街景模型。在雷军和洪峰面谈的时候，本来雷军是主角，是他要面试洪峰，而实际情况刚好反过来，变成了洪峰不断向雷军提问。

洪峰问了雷军很多问题，雷军也不断给洪峰描绘自己的梦想，想要用互联网的方式做手机，想要重新定义中国制造，恳请他一起来实现。在这个梦想的感召之下，洪峰欣然接受了雷军的邀请，加入了小米的团队。

新员工加入团队，周围都是陌生人，对未来前景也不熟悉，更不了解领导是个什么样的人，此时“造梦”就是最快也是最有效的拉近新员工与团队之间距离的方式。当然，这里说的“造梦”不是不着边际的吹嘘，要给他们讲述公司的定位和规划，以及团队对于人才的重视，如何培养人才，将来待在这个团队中会有什么收获，同样也会面临怎样的挑战。用激励的语气，让团队新员工真正感受到激情澎湃，热血沸腾，从而认同企业的发展理念，相信主管，留在团队。

第二，合理的薪资待遇。

这一点不用细说，只有满足团队成员的生活需求才能挽留住新员工，如果主管把团队成员的薪资定得过低，或是提成比例定得不高，团队成员拿不到能够满足生活所需的薪资，那么新员工迟早是要选择离开团队的。制定一个合理的薪资体系，才能让他们留下来为团队服务和奋斗。

第三，良好的团队氛围。

团队是一个整体，团队成员工作在一个团队中，彼此之间要进行交流，不可能独立于团队之外。在交流的过程中，如果发现团队内部钩心斗角，充满不正当竞争，甚至还拉帮结派，对新成员来说，这样的工作环境犹如冷水浇头，会让他们寒心彻骨。

主管要发挥自己的领导作用，帮助团队建设一个良好的氛围，让团队气氛更加公正、和谐、温情，比如隔一段时间举办一些团队活动；经常跟团队成员交流；以身作则公平处理事情等。这样新成员才能在团队中和众人迅速建立起信任和朋友关系，也就不会轻易离开团队了。

满足公司核心人才的不同需求

每个公司都有自己的核心人才，公司的发展是离不开这些人才的。他们在团队中往往非常受人尊敬，待遇也非常优厚。他们也颇受领导的器重，一般领导会满足公司核心人才的各种需求。

2005年，张小龙加盟腾讯。微博的兴起，让以社交起家的马化腾感受到了巨大的压力，腾讯在很长一段时间都无法找出一种产品来应对微博的强势崛起，抢回失去的社交市场。微博已经形成了巨大的威胁，这让马化腾如坐针毡。

此时，张小龙看到了加拿大的一款软件，意识到交互软件的巨大变革。于是，他立即写邮件给马化腾，要求尽快开发新的社交软件。他的方案也得到了马化腾的认可。随后便是你我熟知的产品——微信上线了。微信一经推出，获得了巨大的成功。因此，张小龙也顺利成为腾讯的高管。

张小龙有个毛病：爱睡懒觉，所以，每次开重要的会议总是迟到。马化腾询问原因，张小龙说："起不来。""那每次开会，我叫我的秘书去叫醒你。"马化腾说。"路上太堵。""我派车去接你。"总之，不管张小龙找什么借口，马化腾都一一满足，让他没有任何理由再迟到。

俗话说："千军易得，一将难求。"对销售团队来说，普通的销售人员并不难找，而销售精英却是可遇不可求的。一个销售精英，就可能为团队和公司带来巨大的收益。而作为领导者，面对这样的人才，销售主管和公司应该对其给予更优厚的待遇，否则，销售精英很可能会因为觉得不受重视而离开团队。

一旦核心人才离开团队，对销售团队的打击将是致命的。有数据显示，一个销售团队八成的业绩都是由团队中的核心人才创造的。可想而知，如果他们离开，结果就是团队销售业绩明显下滑，严重损害销售团队的发展，对公司的发展、运营也将造成困难。同时，核心销售人才的离开，也证明团队主管在领导力方面存在缺陷，对团队主管将有直接影响。

因此，作为一个合格的销售主管，巧妙地满足团队核心人才的需求，尽最大的努力留住团队的核心人才，也是一项重要责任。留住核心人才，是一个团队稳定发展的基础和重要保障。

销售团队主管应该怎样做，才能满足团队核心人才的不同需求呢？

第一，钱要给到位。

马云在谈员工离职话题的时候，说了两个非常真实的理由：第一，钱没给到位；第二，心委屈了。对于公司中的普通员工尚且如此，那么作为销售团队中的核心人才，更是这样。

作为团队的核心人才，他们为团队所做的贡献是非常大的，因此，难免会有一些骄傲自满的心理，希望领导和同事充分尊重他们。一旦他们的薪资水平让他们觉得与自己贡献的价值不相匹配，他们就会产生心理落差。钱不给到位，会直接导致他们的心委屈了。

因此，销售主管应该把钱给到位，不仅是基本的薪酬和奖励，还要有制度化的奖励机制。

第二，提供优良的工作环境。

整天工作在不喜欢甚至是厌烦的环境中，别说是团队的核心人才了，就算是团队的基本员工也会受不了的。没有一个好的工作环境，薪资再高，也严重影响工作时的心情。

这里所说的好的工作环境，不仅包括良好的办公环境，还有积极的团队交流氛围、合理的上班时间、良好的福利制度等。一个舒适的环境，才能够让他们安安心心、舒舒服服地工作，才有留住他们的资本。

第三，给团队核心人才较大的自由。

团队中的核心人才，能力都是非常强的。如果销售主管长期把持权限，事无巨细，都要过问；大事小情，都要插手；那别说核心人才，就算是普通的销售人员也没法施展拳脚，安心工作。核心人才的能力是否能充分发挥出来，很大程度上也取决于他们能获得多少工作自由度。

因此，团队主管要信任团队核心人才，放一些权限给他们，让他们感受到主管对他们的重视。同时，多给他们提供一些发展的机会，展现出公司平台对他们的照顾和培养。

最忌只重业绩，忽视团队建设

很多销售团队的主管会有这样的疑问，为什么他们带领的销售团队业绩一直是增长的，但是团队成员离职率却很高。原因在于主管只看重团队的销售业绩，而忽视了团队建设。团队管理的缺失，导致销售人员感到失望，最后遗憾地选择离职。

销售主管只重视个人业绩的发展，盲目地追求个人业绩的突破，鼓励团队成员在个人的销售业绩基础之上，不断地突破自我，实现团队业绩的增长。设置一系列奖励制度，奖励销售团队前几名的销售人员，让团队内部产生竞争。然而，在竞争的过程中，团队成员之间往往会形成冷漠的同事关系，在利益面前，每个人都是自私的。长此以往，团队就没办法形成一种团结友爱、互相帮助的和谐氛围。最终，那些真正有实力的销售人员在竞争中变得越来越好，而那些能力稍微差的人则完全丧失信心和激情。

这样的结果，就是严重的两极分化，那些能力差的销售人员因为无法得到更高的利益而离开团队，而那些能力比较强的销售人员也因为彼此之间没有任何友情可言，致使团队建设变得一塌糊涂，无法形成凝聚力，这样的团队是冷酷的，缺乏温度和温情的，也是无法持续发展的。

因此，销售主管不单单要看重销售业绩，团队建设也必不可少。进行团队建设，要注意以下几个重点。

目标导向作用。团队的精神建设能够起到导向的作用，在团队精神激励之下，团队成员就会团结起来，齐心协力完成共同的目标。

激励作用。进行团队建设，在团队内部形成一种互相帮助的氛围。在这样的氛围中，团队中销售业绩相对比较差的人，会向团队中优秀的成员学习。这样就形成了非常积极的带动和激励作用，团队就可以良性运转。

凝聚作用。团队建设可以让团队中不同文化、不同信仰的人，通过共同的团队文化和企业文化联系在一起。在共同文化的影响下，团队成员对于团队的认识和理解就会变得更加深刻，也会对成员产生不一样的感情。在这种文化的作用之下，团队的凝聚力就变得很强。

控制作用。团队中每个人的自控能力都是不一样的，而主管对于团队的控制能力，在于如何建设团队。只有将团队建设好，主管才能控制好一个团队。最好的办法就是进行团队精神建设，让团队成员明白团队的重要性。

那么，作为销售主管，应该怎样进行团队建设呢？

第一，制定团队目标。

有句话说得好：“团队失去了目标，等于夜航的船只失去灯塔的指引，偏离正确的航道，漂浮于大海之中。”一个没有目标的团队，其成员只是一味地按照自己的想法去做事，彼此之间没有相互依存的关系，无法团结在一起。团队的力量是巨大的，要想真正发挥出团队的力量，就要给团队制定一个统一的目标，来激活团队的活力，催化团队成员之间共同促进的作用。

第二，文化认可。

销售团队成员对团队的归属感，源于成员对团队文化的认可，只有认可团队的文化，他们才真正属于这个团队。文化对人的影响是非常大的，决定着人们的忠诚度。老干妈创始人陶华碧曾经说：“老干妈永远是你的家，你在外面干得不顺，回来这里，依然欢迎你。”

第三，加强团队成员间的交流。

交流能够让陌生的人变成要好的朋友，如果团队成员之间都能成为朋友，团队内部就会变得很和谐，团队建设就会变得更加容易。主管可以多组织一些集体活动，来增进团队成员之间的交流。比如一起出去旅游、户外拓展活动、组织团队内部竞赛等，让团队中的成员互相了解，让彼此之间产生友情。

尊重是最好的“黏合剂”

“人要脸，树要皮”，对销售团队中的每一个成员来说，面子都很重要。即使是销售业绩最差的成员，也是有自尊心的。因此，销售主管想要带领好自己的团队，就要尊重团队成员，尊重是最好的“黏合剂”。

蔡宇是前阿里巴巴北京大区区域经理，他刚进入阿里巴巴做销售员的时候，他的一天是这样的：当早上其他公司的员工刚来到公司，阿里巴巴的销售员已经开完早会，开始出发去拜访客户了；当下午五六点，别的公司员工都结束一天的工作准备回家时。阿里巴巴的销售员工陆续赶回公司，然后开始晚上的工作，一直工作到十一二点才回家。

这样的工作强度是比较大的。蔡宇的主管会给他留一张纸条，上面写着“晚上 11 点必须回家。”显然，主管是担心他的身体，希望他早点回家，别熬太晚。虽然工作压力很大，但也正是由于这样尊重每一位销售人员，阿里铁军才有了惊人的成就。

俗话说：“要想得到别人的尊重，首先要先学会尊重别人。”如果主管不尊重团队中的成员，同样团队中的成员也不会尊重主管。尊重是相互的，销售主管要想不让人才流失，管理好销售团队，首先就要获得团队成员的认可，而尊重团队成员是取得认可的第一步。

如果销售主管不尊重团队成员，只会用命令的口吻下达命令式的任务，利用主管的权威去逼迫团队成员做事，甚至让他们做违背自身意愿的事，那就会引起团队成员的反感和抵触。久而久之，团队上下级之间会形成对立甚至对抗，团队中会产生各种各样的矛盾。

有一些主管，为了提高团队的销售业绩，对那些销售业绩非常好的销售人员会提一些超出他们本身职责的要求，分配一些很有难度的任务，用“能者多劳”之类的说辞来让自己提出的无理要求变得顺理成章，这已经有些道德绑架的意味，也是不尊重员工的表现。而对于那些销售业绩比较差的人，动辄当众责骂，甚至因为一两个问题就对其全盘否定，这也是不尊重员工的表现。

团队是一个整体，一个团队不可能都是能力出众的精英，也不会都是百无一能的蠢材。每个人都有优点，也会有缺点。对任何人全盘否定都是错误的，而让任何人做过多的事还觉得理所当然也是不应该的。对待任何一个成员，主管都要注意自己的态度，给予对方充分的尊重。

主管应该怎样做，才算得上是尊重团队成员呢?

第一，尊重话语权。

法律上规定:“人人拥有言论自由的权利。”而这种权利要想真正在销售团队中实现，需要主管尊重团队成员的话语权。主管充分尊重团队成员的话语权，尊重他们说的每一句话、每一个意见。无论是对团队有积极意义的意见，还是对团队建设的反对意见，都要给予尊重。不能只尊重赞成的话，而不愿意接受反对的声音。

能够自由发言的团队环境，成员会愿意说出他们的心里话，讲出对团队的看法，为团队发展作贡献。能为团队成员创造充分发挥能力的空间，就能留住他们。

第二，关注团队成员的日常。

人们往往通过一件件小事对他人留下印象，而作为一个团队的主管，往往却不在意这些事。原则上并没什么过错，但是在挽留人才和尊重人才方面，于小事着眼却能起到重大的作用。

秦家明是某电器生产公司的销售员，他的业绩长期排在团队销售前两名。取得的辉煌成绩也被竞争对手所看重，因此，竞争对手的公司派出了销售主管去和秦家明接触，并且开出条件：只要秦家明能跳槽到他们公司，年薪是现在的两倍，并且会给他提供更好的福利。

听完，秦家明直接拒绝了，拒绝的理由是：我在这家公司已经得到了我想要的，而且主管会记得我的生日，会和我真心聊天，我在这里工作很快乐。

主管对团队成员能够真诚相待，关注团队成员的日常小事，就能让团队成员的心向销售主管靠拢，更加尊重主管。

第三，肯定团队成员的业绩。

肯定团队成员的业绩，就是对他们的尊重，任何一个团队成员取得了成绩，都是对团队的贡献，这种贡献无论大小，都是他们不断奋斗的成果，应该得到尊重。

主管尊重团队成员的业绩，也就鼓舞了他们的拼搏奋斗之心，他们在以后的工作中将更加努力，也将对主管更加尊重。

如何应对“挖墙脚”

团队的精英是一个团队的核心资源，团队固然十分重视，但同时精英也会受到竞争对手的特别关注。任何公司都对人才求贤若渴，竞争对手公司会想方设法地挖走人才，为其效力。面对“挖墙脚”，团队主管应做出积极应对。

千年家具公司经过十几年发展，在家具行业颇有名气，市场占有率也在30%以上。能有这样的成绩，公司的销售团队功不可没。

在销售主管的带领之下，团队涌现出了很多销售精英，其中最突出的是王全才，他一个人每个月的销售业绩差不多占团队销售业绩的50%，为公司快速发展做出了巨大贡献。

公司快速发展的几年时间里，销售主管非常重视王全才，每次王全才有什么需求都会尽量满足。最重要的一点是，主管平时对他非常关心，两个人私交甚厚。

但随着公司慢慢做大，销售主管有些膨胀，和王全才的关系渐渐疏远了，这让王全才心里很不舒服，也有些不理解。

没过多久，一家新成立的家具公司来挖他，开出了非常优厚的待遇。经过一番考虑，王全才答应了。结果，王全才一走，几乎占据市场霸主地位的千年家具公司业绩瞬间下滑，而且持续下降。

人才是团队的核心竞争力，他们的能力和创造出来的价值决定着公司的未来和发展。公司间的竞争往往是人才的竞争，哪个公司拥有足够的人才储备，哪个公司就能获得更大的收益。因此，对人才的渴求，就造就了公司之间的“挖人大战”。哪个公司能够把真正的人才挖过来，为己所用，哪个公司就会兴旺。

团队精英被竞争对手挖走，无论是对业绩、客户还是团队士气，都将是一次沉重的打击。面对竞争对手“挖墙脚”，销售主管应该怎样应对呢?

第一，区别对待销售精英。

对于团队的销售精英，主管要区别对待他们，给他们一些特权，让他们享受不一样的待遇。比如他们可以在大多数情况下请假自由，让他们感受到尊重和重视。另外，奖励也是非常重要的，对有能力的销售精英，他们帮助团队大幅度提升了销售业绩，如果什么奖励都没有，还是按部就班地拿提成，心里难免失落，甚至对整个团队失望，这就加大了被挖走的风险。所以，要给销售精英制定奖励制度，奖金多一些也是可以的。

第二，给予销售精英心灵上的关怀。

想要真正留住人才，就要俘获销售精英的心。得到了销售精英内心的认可，才能从根本上留住他们。这就需要销售主管关注销售精英，在平时的工作中，关注他们的进步，及时给予他们言语和物质上的鼓励，让他们感受到主管的诚心。

任何人都会有失落的时候，在这样的特殊时刻，正是走入他们内心的好时机。销售主管在平时的观察中，一定要注意到并能第一时间发现，倾听他们的内心，鼓励并安慰他们，和他们并肩奋斗，帮助他们走出困境。正所谓“患难见真情”，付出就会有回报，在主管不懈的情感付出之后，双方就有了感情基础。那销售精英在面对其他公司挖人的时候，就会坚定地站在主管一边。

第三，做好人才储备。

“防患于未然”，主管事先想到可能会发生的事情，提前准备好对策是非常明智的。销售主管无法保证每一次挖人，团队中的销售精英都不被挖走。每个人都有自己的想法和追求，每个人都有选择的自由和权利，凡事不能勉强。

做好了人才储备，在团队销售精英离开之后，就可以降低损失，不至于因为个别人的离开，导致团队陷入困境。这需要主管在平时合理利用团队资金，招聘一部分具有潜力的销售人才，耐心培养，保持团队的人才结构合理、优化，以备不时之需。

销售主管无法避免“挖人大战”，就要“防患于未然”，提前准备好应对的策略，打一场有准备的战役。

事业留人，授权让核心员工产生强烈归属感

事业对一个人的重要性不言而喻，很多人都想成就一番自己的事业，实现人生价值。而许多员工离职的根本原因，就是因为没有发展，不能满足自己的事业追求。所以，销售主管应该授权给团队里的那些核心员工，给他们提供发展的平台，让其对团队产生强烈的归属感。

在阿里巴巴流传着一个传奇赌约。

销售员贺学友没上过大学，在加入阿里巴巴不足两年时的一次会议上，他挑战马云，给自己立下目标：一年的销售额365万元，并且保证续签率不低于78%。如果完成了，马云请他在世界上任何地方吃饭，如果完不成他就去跳西湖。

一年后，经过贺学友的不断努力，完成了680万元的业绩，但是续签率78%却没能实现。结果，正值寒冬，贺学友带着两个助理一起跳进了西湖，履行了他的诺言。

贺学友已经成为全国销售冠军，公司没有让他继续待在杭州，而是把他调到了东莞。当时东莞的业务非常糟糕，贺学友经过不断摸索和试探，终于找到了东莞问题的症结所在，最终帮助东莞的销售团队硬是把区域月销售额从10万元做到了1100万元，那些每个月只能拿到底薪的销售员，跟着他学习，能力突飞猛进，从只拿底薪，到月入5万元、10万元，甚至拿到了近百万的佣金。

一个销售员干得再好，如果团队主管不给他提供平台，那他再怎么奋斗，也感受不到激情，因为那些行为更像是完成流水线上的一

环，只是为了团队、为了公司而去工作，做久了就没有任何归属感。对团队产生不了归属感，就会开始排斥团队，走向自我，总感觉自己的能力在现在的团队屈才了，对现在的团队就会失去信心，最后离开团队。

要想真正留下核心员工，就要给他们适当授权，为他们提供展示能力的更大的平台，让他们尽情发挥个人的才能。当他们感受到自己的能力得以充分施展，感觉每天的工作都像是做自己的事业时，就会对团队和公司产生强烈的归属感。这种归属感会让他们紧紧地跟团队和公司结合在一起，再难分开。

那么，销售主管应该怎样实施“事业留人”呢?

第一，不要怕下属比自己优秀。

越是优秀的人，越害怕失去。在这种心理的作用下，能力出众的主管往往会抵触团队中其他优秀的人才，他们会害怕失去自己的领导地位。

然而，主管把权利紧紧地握在手中，自己的团队就会丧失更多主动权，只能按照死板的思路去做事，久而久之，整个团队就会变得僵化，毫无创新，死气沉沉。

奥美公司董事长奥格威曾经送给公司领导者每人一个俄罗斯娃娃，这些人都不明白董事长是什么意思，只当是董事长出去旅游给他们带回来的纪念品。奥格威解释说:“俄罗斯娃娃是一个娃娃套着另一个娃娃，这就提醒你们，在用人的时候，只任用比自己能力差的，公司就会变成一个侏儒。相反地，如果能任用比自己能力强的人，我们的公司就会变成一个巨人。”

销售主管不要害怕自己的下属比自己优秀，要学会放权，信任下属。充分发挥个人的才能，团队才会变得优秀。

第二，鼓励创新。

任何人在公司中任职，都希望自己的看法和意见得到领导的认可，被认可的成就感是给多少薪酬都替代不了的。在销售团队中，团队成员的意见建立在创新基础之上，拥有一个创新的销售方法，往往能使销售团队获得巨大的成功。就像小米公司刚刚成立时，因为资金和供应链方面的原因，没有条件实行传统的销售模式，但他们创新地采取了互联网销售的模式，反而获得了巨大的成功。这就是创新的力量。当然，想要让团队成员不断创新，主管就要起带头作用，鼓励团队成员创新。

第三，及时提拔。

在团队成员取得一定的成就时，主管要及时地给予肯定并且提拔，让这些优秀的成员能够有更多发挥空间。能力强，就要肩负起更大的责任，不要让岗位限制了能力，要让优秀的人才发挥出更大的才能。

离职面谈，挽留骨干的最后机会

销售团队的骨干，不但能够为团队提供稳定的业绩保障，最重要的是他们是团队精神建设的领袖，有他们在团队中，就会给团队带来积极的力量。一旦销售骨干离开，将是团队的重大损失。

当销售团队中的骨干成员提出离职，经过公司的批准，在这段时间内，会有团队成员以及人力资源部门对其进行沟通和劝说；如果没有说服他们，那离职面谈就成了挽留他们最后的机会。主管要把握好这个机会，通过沟通以及政策的鼓励，挽留住团队中的骨干成员。

那么，主管应该怎样进行离职面谈呢？

第一，核实团队骨干离职的真实原因。

很多销售骨干离职都会编造一些理由敷衍，其真实的目的就是让主管相信他们必须离职，而真实的原因很可能是和团队其他员工的关系不和、嫌薪资太低、没有发展前景等，他们大多是不愿意主动说出来的。毕竟在团队待了那么长时间，对整个团队也有些感情，再加上马上就要走了，不想把场面弄得太尴尬，因此，就会说一些冠冕堂皇的离职理由来搪塞。

正所谓“解铃还须系铃人”，要想挽留住团队骨干，必须要找到他们离职的根本原因，对症下药，才能真正解决问题。如果只是围绕他们编造的离职理来展开谈话，根本就是南辕北辙，最后也说不出个所以然。

想要真正了解他们的离职原因，可以通过询问团队其他成员，从侧面进行了解。主管可以找来跟他关系好的人了解，也可以在离职面谈的时候，通过精心安排的询问，问出离职的原因。知道问题的根源，才能采取相应的方法来解决问题。

第二，提前筹划策略。

要想说服团队骨干留下来，就要提前精心准备应对策略。准备得越充分，成功的概率越大。预想一下对方可能抛出什么样的理由，作为主管，该如何说服，如何追问真实原因，如何调动情绪等。总之，就是在离职面谈之前，把所有可能的情况先在脑海中过一遍，想好应对的策略。除非是那些下定了特别大决心的人，多数人都会选择留下的。

主管应该制定什么样的应对策略呢？其实只有两点：一是真正解决离职问题。主管说出解决团队骨干离职的解决办法，并且承诺第一时间执行；二是让对方感受到重视。认可成绩，肯定付出，强调重要性，这些都可以让对方感受到来自主管和公司的重视，打动对方。

第三，充分尊重，给离职员工台阶下。

以退为进，不失为一种很好的挽留方法。当所有方法用尽都无效后，就可以尝试以退为进。比如主管可以说："既然你已经下定决心了，我要是再强行挽留，就是对你的不尊重。我充分尊重你的决定，希望你在新东家工作顺利，如果哪一天想回来了，随时欢迎你！"

以退为进已经不是以开出什么条件来挽留，而纯粹是打感情牌。离职的团队骨干毕竟在公司待了这么长时间，有感情基础，因为一时感动而改变决定的可能性还是很大的。

骨干员工是企业的宝贵资源，离职面谈是挽留他们的最后机会，主管要牢牢把握住，运用策略和感情，再做最后一次努力。